Mit herzlichen
Grüßen

Orgels - Pitter

Ein kölsches Original
unserer Zeit

Akademie för uns kölsche Sproch

Orgels-Pitter

Ein kölsches Original unserer Zeit

Ewald Fischer

Aus dem Leben und Schaffen
des Drehorgelmannes Peter Kessel

J.P. BACHEM VERLAG

Die Deutsche Bibliothek - CIP-Einheitsaufnahme

Ein Titeldatensatz für diese Publikation ist
bei Der Deutschen Bibliothek erhältlich.

Orgels Pitter - Ein kölsches Original unserer Zeit
Ewald Fischer

1. Auflage 2002
© J.P. Bachem Verlag, Köln 2002
Eibandgestaltung: Heike Unger, Berlin
Reproduktionen: Reprowerkstatt Wargalla, Köln
Druck: Druckerei J.P. Bachem GmbH & Co. KG, Köln
Printed in Germany
ISBN 3-7616-1629-5

www.bachem-verlag.de

Inhaltsverzeichnis

Vorwort	8
Wo alles beginnt	9
Wie alles beginnt	9
Peter, der Kuhhirt	11
Schulerlebnisse	12
Jetzt stellt sich die Frage...	13
Spiel und Sport	14
Der Ernst des Lebens beginnt	16
Weicher Kern in harter Schale	16
Alles Glück der Erde liegt auf dem Rücken der Pferde	17
Eine ganze Menge PS mehr	18
Erste Schritte auf die musikalische Bühne	18
Der singende Fernfahrer	19
Die "Gigolos"	20
Erste Hinweise auf ein soziales Engagement	22
Rückblick auf die Sturm- und Drangjahre	23
Freundschaftsdienste in doppeltem Sinn	24
Pitter kommt unter die Fittiche	24
Auf eigenen Füßen	25
Wie das Leben so spielt	26
"Wir geben nicht auf!"	26
Ein leidvoller Zwischenfall	27
Ende einer aufreibenden Zeit	28
Aus Peter Kessel wird "Orgels-Pitter"	29
Debüt als Drehorgelmann	30
Die Politik ruft	31
Ein Herz für die, die es nötig haben	34
Eine Kölner Orgels-Familie	35
Moritaten	38
Immer auf Achse	39
Kölscher Abend in Pforzheim	40
Kleine Episoden - so ganz nebenbei	41

Ehrungen für sozialen Einsatz	43
Die "Goldene Schallplatte"	45
Oktoberfest	46
Apropos Panorama-Orgel	47
Heilige Nacht	47
Ein einmaliges Erlebnis bahnt sich an	49
Erfüllung eines Wunsches	49
Unvergessliche Augenblicke	50
Für eine kurze Zeit "Star" in Rom	52
Ritterschlag	52
Zwei Sänger auf einer Wellenlänge	53
Orgels-Pitter singt für Maik allein	54
Wer will, der darf	56
Orgels-Pitter und der kölsche Fasteleer	56
Kölsche Orden und Ehrenzeichen	58
Aber es kommt noch besser	60
Peter und Peter	62
Und noch ein musikalisches Intermezzo	63
Eimol Prinz zo sin	65
Unverhofftes Klassentreffen	66
Familiäre Probleme und Trennung	68
Neue Liebe, neues Glück	68
Gemeinsame Interessen	71
Singen, auch mal wieder ohne Orgel	72
Anfang eines schlechten Tages	73
Karneval im Krankenhaus, in doppelter Hinsicht	73
Kleiner Trost	74
Es geht wieder aufwärts	76
Erneuter Start zu neuen Dingen	76
Sessionsvorbereitungen	77
Verdienter Lohn für gute Taten	79
Nicht immer scheint die Sonne	80

Orgels-Pitter - endlich im Fernsehen	**81**
Neue Sorgen	**81**
Das Leben geht weiter	**83**
Zum guten Schluss...	**83**
Nachwort	**85**
Quellennachweis	**86**
Dankeschön	**88**

Vorwort

Fragt man in Köln nach den Originalen, wird - wie aus der Pistole geschossen - geantwortet: "Kölsche Orjenale? Och, do hammer vill vun. Do es der Urjels-Palm, der Fressklötsch, de Böckderöck Wau-Wau, der Möler Bock, et Fleuten-Arnöldche, der Dokter Schabaudewing, et Elsteraugen-Evje... ne Momang, do jiddet noch mih... ah jo, der Schutzmann Streukooche, der Bullewuh... Breuersch Lei... un noch e paar andere."

Alle Genannten werden heute noch in Karnevalsliedern besungen, auf Mundartbühnen dargestellt, auf Bierdeckeln abgedruckt und in Redensarten verwendet. Diese lebten aber im 19. Jahrhundert zu einer Zeit, in der fast jeder jeden kannte. Wohnten doch beispielsweise 1801 nur 41.600 Menschen in Köln. Im Jahr 1831 waren es gerade mal 66.000.

Gibt es heutzutage denn keine Originale mehr? Doch, es gibt sie! Nur, um ihrer unter rund einer Million Einwohner gewahr zu werden, genügt es heute nicht mehr, dass sich ein Original nur durch ein wenig Verschrobenheit oder Schrulligkeit von der ‚normalen' Bevölkerung abzuheben braucht; sie müssen sich in ihrem Wesen und Wirken schon deutlich von ihren Mitmenschen unterscheiden, und vor allem müssen sie auffallen. Und das gelingt nur wenigen; die Müllers Aap, Hermann Götting und der Orgels-Pitter sind drei solche Unikate, die da genannt werden können. Die Akademie för uns kölsche Sproch vergibt unter dem Motto "Och hückzedaachs jit et noch Orjenale" Arbeiten zur Erlangung des Kölsch-Diploms. Ewald Fischer, der neben seinem Beruf als kaufmännischer Angestellter mehr als 30 Jahre in einem musikalischen Duett auf den karnevalistischen Bühnen Kölns stand und heute als Autor und Komponist erfolgreich überwiegend mundartliche Texte und Lieder schreibt, ist es als Kenner der Szene gelungen, eine Biographie Peter Kessels alias Orgels-Pitter zu erstellen, die an wahrem Gehalt und einfühlsamem Stil wohl kaum zu übertreffen ist.

Dieses Buch ist allen Freunden der Kölner Originale gewidmet. Viel Spaß damit!

Volker Gröbe

Wo alles beginnt

Anfang des 20. Jahrhunderts. Rechtsrheinisch, einige Kilometer südlich von Köln-Deutz, liegt in den damals noch weiträumigen ländlichen Gebieten das kleine Dorf Eil, dessen erste urkundliche Belege bis ins Jahr 1227 zurückreichen.

1910 hat Eil, nahe der Wahner Heide, etwa 1270 Einwohner, die zum Teil in bescheidenen Verhältnissen leben und ihren Unterhalt als Tagelöhner oder Landarbeiter auf den großen Bauernhöfen und Gütern in der Umgebung verdienen.

Im Rahmen der damals rasant zunehmenden Industrialisierung und dem damit verbundenen Bevölkerungszuwachs wächst Eil, wie auch die weiteren umliegenden Dörfer, immer mehr mit dem Dorf Porz zusammen, aus dem endlich im Jahr 1951 eine offizielle Stadt wird. Eil nennt sich inzwischen Porz-Eil.

Wie alles beginnt

Es ist das Jahr 1927 oder 1928. Ein junger Mann aus Köln-Kalk, Maurer von Beruf, besucht mit seinen Freunden das Schützenfest in Eil. Dort sieht er ein nettes Mädchen, das ihn auf Anhieb begeistert. Beim Tanz im Schützenhof kommt man sich näher und findet Gefallen aneinander.

Der Maurer ist Peter Kessel, der künftige Vater von unserem

Klein-Peter auf dem Arm seiner Mutter Barbara, Vater Peter (r.), vorne Paul (l.) und Gerhard (r.)

Pitter. Bei dem Mädchen handelt es sich um Barbara Köhlbach, einem echten Eiler Kind, das seinem Peter ein paar Jahre später, am 22. August 1930, vor dem Altar das Ja-Wort gibt.
Die Ehe steht unter einem guten Stern, und in den nachfolgenden Jahren erblicken in Eil drei kräftige Knaben das Licht der Welt. Zuerst ist es Paul, dann Gerhard und schließlich am 13. Juni 1935, nach seinem Vater benannt, der Peter, unser heutiger Orgels-Pitter. Das bekannte kölsche Original ist somit im Grunde genommen anfangs noch gar kein echter Kölner, eigentlich erst, nachdem Porz am 1. Januar 1975 von der Stadt Köln eingemeindet wird.
Der zweite Weltkrieg beginnt und damit eine schwierige Zeit für die Familie Kessel. Der Vater meldet sich freiwillig zur Wehrmacht und wird, da er ein großer Hundefreund ist, Ausbilder und Führer einer Hundestaffel. Kurz vor Kriegsende gerät er dann in russische Gefangenschaft.

Mutter Barbara mit ihren drei "Rabaue", v.l. Paul, Peter, Gerhard

Mutter Barbara kümmert sich indessen um ihre Söhne, aus denen, wie man so schön auf Kölsch sagt, mittlerweile drei richtige "Rabaue" geworden sind. Man lebt zwar quasi auf dem Land, aber auch hier wird das Leben im Laufe der zunehmenden Kriegsereignisse immer schwerer. So sammelt beispielsweise Peters Großvater Heidekraut, um daraus mit Hilfe von Barbara Besen herzustellen, die anschließend auf den umliegenden Bauernhöfen gegen Naturalien getauscht werden. Das ist nur ein kleines Zubrot zur Bestreitung des Lebensunterhalts. Hierzu tragen natürlich auch Peter und seine Brüder mit bei. Das Gebiet ist ja noch sehr ländlich. Deshalb wird, je nach Jahreszeit, alles beschafft, was man nicht kaufen kann. Äpfel, Birnen, Gemüse und Kartoffeln werden "organisiert". Man darf sich bloß nicht erwischen lassen.

Peter, der Kuhhirt

In der Nähe von Peters Elternhaus gibt es einen alten Gutshof mit vielen großen Ländereien, die sich bis über das Gebiet erstrecken, wo später das Porzer Autokino gebaut wird. Der Bauer fragt Peter eines Tages, ob er nicht mal die Kühe hüten will, etwa 40 Stück an der Zahl, was Peter selbstverständlich nicht ablehnt. Er hat zwar keine große Ahnung von der ganzen Sache, nimmt aber einen Stock und treibt die Kühe über die Weiden. Statt jedoch die Tiere von vorne zu dirigieren, läuft er einfach hinterher, und die Kühe beginnen zu rennen, immer schneller, über die noch nicht eingezäunten Wiesen auf eine Straße, auf der ihnen eine alte Frau entgegenkommt. Heftig gestikulierend treibt diese die Herde auseinander und um sich herum, so dass ihr nichts passiert. Peter jedoch ist leichenblass vor Angst und beruhigt sich erst wieder, als die Kühe auf einmal brav und ganz von allein, als wäre nichts gewesen, auf den heimatlichen Stall zutrotten, wo der Bauer sie ziemlich erstaunt in Empfang nimmt.
Peter wird nicht getadelt. Er bekommt ein Butterbrot mit Quark und Rübenkraut und den gut gemeinten Hinweis: "Du musst immer vor den Tieren sein, niemals hinterherlaufen, denn dann werden sie angetrieben. Und es ist ja alles Gottseidank noch einmal gut gegangen."
Nach diesem Schock hat Peter nie wieder Kühe gehütet.

Schulerlebnisse

Mitten in der Kriegszeit wird Peter Kessel eingeschult, in die katholische Schule in der Eiler Schulstraße. Einen Schulranzen gibt es nicht, ganz zu schweigen von einer mit Leckereien gefüllten Schultüte, wie viele Kinder sie heute bei ihrer Einschulung bekommen. Man ist froh, wenn man einen Korb oder eine Tasche hat, in denen man seine wenigen Utensilien und das von der Mutter geschmierte Schulbrot unterbringen kann.

Peter ist nicht gerade begeistert von der Schule. Er ist lieber draußen auf der Straße, im Freien mit seinen Freunden, wo er sich nicht eingezwängt fühlt. Seine Mutter aber sorgt energisch dafür, dass er regelmäßig und pünktlich die Schule besucht, was auch in seinen Zeugnissen hervorgehoben wird. Mit Lesen, Rechnen und Schreiben steht er jedoch auf Kriegsfuß oder, wie er selbst sagt: "Dat wor nix." Natürlich ist in den Pausen auf dem Schulhof immer was los. Harmlose Raufereien und auch handfeste Prügeleien, wie bereits damals in den Straßen und Gassen, sind an der Tagesordnung.

Peter ist, wie wir schon wissen, ein kräftiges Kerlchen. Und er lässt keinen Streit aus, der meist mit einem kleinen Wortgeplänkel beginnt: "Wat han ich dir dann jedon?" Antwort: "Un wat lors do mich dann esu an?" Und schon macht es "Peng" und der eine oder andere hat ein blaues Auge. Wenn Peter dann anschließend mit einem "Veilchen" nach Hause kommt, meint seine Mutter bloß: "Jung, denk dran, du darfst dich nie mit einem schlagen, der stärker ist als du!", was Pitter auch meistens für kurze Zeit beherzigt.

Derartige kleine Auseinandersetzungen auf dem Schulhof führen natürlich immer zu einem Tadel, weil der Lehrer in den Pausen seine Pappenheimer unter Kontrolle hat. Die Zeugnisnoten für Pitters Betragen sind deshalb meist weniger als "befriedigend".

Trotzdem entwickelt Peter mit der Zeit zu seinem Lehrer ein gutes

Verhältnis, besonders in der Musikstunde. Der Lehrer kann nämlich ausgezeichnet Gitarre spielen und singt mit den Schülern die alten Volkslieder, zum Beispiel "Das Wandern ist des Müllers Lust", die damals immer noch modern sind. Und unser Pitter ist ein guter, wenn nicht sogar der beste Sänger der Klasse, so dass er mit dem Lehrer ab und zu im Duett singen darf. Hierfür bekommt er stets ein Lob und im Zeugnis für den Musikunterricht die Note "sehr gut".

Manchmal kann sich diese "Freundschaft" aber auch ganz schnell ändern, wenn Peter im Rechnen, Lesen oder gar Betragen mal wieder auf dem Nullpunkt angelangt ist. Einmal wirft ihm der Lehrer wütend einen Schlüsselbund an den Kopf, worauf der Bengel ganz trocken erwidert: "Das nächste Mal spielst du allein auf deiner Gitarre. Dann singe ich einfach nicht mehr mit."

Aber auch in anderen Dingen muss Peter Tadel einstecken. Seine Klasse ist bereits eine gemischte Klasse, in der Mädchen und Jungen zusammmen unterrichtet werden. Und da gibt es immer wieder die eine oder andere Mitschülerin, auf die Peter ein Auge geworfen hat und mit der er während der Schulstunde ein wenig flirten will. Solche Störungen werden bestraft, mit einem Stöckchen, das der Lehrer für schwierige Fälle bereit hält. Einmal wird es unserem Burschen zuviel. Er nimmt dem Lehrer einfach den Stock weg, zerbricht ihn und wirft ihn in die Ecke. Die Folge ist ein strenger Verweis, den Peter aber in der nächsten Musikstunde schon wieder wettmachen kann. Er singt so schön mit, dass der Lehrer seinen Ärger einfach vergisst (oder tut er bloß so?).

Jetzt stellt sich die Frage...

Woher hat Peter Kessel seine musikalische Begabung, die ihm schon in der Schulzeit aus mancher Patsche hilft? Die Antwort ist relativ einfach. Sein Vater spielt von Jugend an Akkordeon und Gitarre und seine Mutter kann hervorragend singen. Seine Brüder können beide Gitarre spielen. Paul, der Älteste, spielt außerdem Akkordeon, Banjo und Mandoline. Und Peter? Auch er lernt es, ein wenig auf der Gitarre zu klimpern, ursprünglich nur für den Hausgebrauch. Andererseits aber hat er, genau wie seine Mutter, eine schöne und wohlklingende Gesangsstimme. Die Begabung wird ihm also schon mit in die Wiege gelegt. Und das ist schließlich, wenn auch erst Jahre später, entscheidend für seinen endgültigen musikalischen Lebensweg. Aber bis dahin wird noch einige Zeit vergehen. Zunächst interessiert sich Peter nämlich für ganz andere Dinge, zumal er wahrlich kein Stubenhocker ist.

Spiel und Sport

Für den größten Teil der Jugend in der damaligen Zeit sind Spiel und Sport, besonders in den ländlichen Gebieten, das schönste Vergnügen. Es gibt noch kein Fernsehen, keine Computer, kein Internet, keine Erlebnisparks, alles Dinge, die heute nicht mehr wegzudenken sind.

Die Kessel-Brüder auf dem Sportplatz in Porz-Eil. Von links: Paul, Peter, Gerhard

Für Peter, seine Brüder und seine Freunde gibt es am Anfang nur: Fußball, Fußball und noch mal Fußball. Ihr Fußballplatz ist die Straße oder eine der umliegenden Wiesen. Aber an richtige Bälle ist zunächst noch nicht zu denken. Also behilft man sich. Alte Lumpen, manchmal auch Zeitungspapier, werden zusammengepresst, zusammengenäht oder mit Kordeln umwickelt, bis sie in etwa die Form eines Fußballes annehmen. Dann kann das Bolzen losgehen, oft barfuß oder nur mit einem ausgedienten Schuh. Sportsfreunde, die glücklicherweise irgendeinen zweiten besitzen, spielen auch unkompliziert mit zwei linken oder zwei rechten Schuhen. In der Regel hat man nämlich in diesen mageren Jahren nur ein Paar "gute Schuhe", die ausschließlich für die Schule oder den sonntäglichen Kirchgang bestimmt sind.

Peter ist vom Fußball begeistert. Als er etwas älter wird, spielt er in der Fußballmannschaft von Porz-Eil. Er ist so gut, dass man auf ihn aufmerksam wird. 1952 macht er sogar in der Sporthochschule Hennef mit Uwe Seeler, Günter Habich und Klaus Stürmer einen Kursus der deutschen Jugend für die Weltmeisterschaft mit, an der er allerdings nicht teilnimmt.

Während seiner Schulzeit ist er aber nicht nur im Fußball, sondern auch im Turnen auf der Höhe, und das manchmal im wahrsten Sinne des Wortes. Die Eiler haben einen sehr aktiven Turnverein, die "Rheinlandeiche Eil", in der Peter und fast alle übrigen Schüler Mitglied sind. Eine der Turnübungen besteht darin, eine menschliche Pyramide zu bauen. Und da unser Pitter ziemlich klein, aber behende ist, muss er immer ganz nach oben klettern und die Spitze bilden. Einmal, bei einer öffentlichen Turnveranstaltung, steht er wieder ganz oben und stößt plötzlich an die Decke des Saals. "Haltet mich bloß fest!" ruft er ein wenig aufgeregt, denn die Pyramide ist immerhin an die sechs bis sieben Meter hoch. Einige der Untermänner fangen daraufhin an zu lachen, alles bewegt sich, und Peter denkt jeden Moment: "Jetzt fall ich runter. Jetzt ist es aus." Aber alles geht gut, und die Übung wird mit großem Applaus der Zuschauer belohnt.

Das ist aber noch nicht alles von Peters sportlichen Aktivitäten. Er ist durchtrainiert und hat "jet en de Maue", wie man auf Kölsch sagt. Und da es in Porz auch einen Boxverein gibt, steigt er dort ein und zeigt, was er in jungen Jahren auf der Straße und auf dem Schulhof gelernt hat. Das geht soweit, dass er Mitte der sechziger Jahre in Aachen sogar um die deutsche Jugendmeisterschaft mitboxen darf. Allerdings verliert er schon gleich am Anfang, da er wegen seines vielleicht etwas unkonventionellen Boxstils zwei Verwarnungen bekommt. Resultat: "Nix mih met boxe."

Der Ernst des Lebens beginnt

Werfen wir zunächst einen kurzen Blick zurück auf die Anfangsjahre nach dem zweiten Weltkrieg. 1948 kommt Peters Vater aus der Gefangenschaft zurück. Der gelernte Maurer lässt sich zum Glasfacharbeiter umschulen und findet Arbeit bei den Spiegelglaswerken Germania in Porz. Sein ältester Sohn Paul geht zur ebenfalls in Porz ansässigen Dielectra AG, während Gerhard, der Zweitälteste, etwas unschlüssig mal hier und mal dort arbeitet.

Und was macht der Jüngste? Er will Metzger werden und fängt deshalb schon bald nach seiner Schulzeit eine Lehre bei der Metzgerei Burger in Rath-Heumar an. Drei Jahre Lehrzeit hat er hinter sich, als sein Arbeitgeber unerwartet Konkurs anmeldet.

Weicher Kern in harter Schale

Zu dieser Zeit wohnt Peter Kessel in Porz-Urbach am Marienplatz, wo sich auch eine Metzgerei Berger befindet. Eines Montags fragt ihn der Meister, ob er ihm nicht ein wenig helfen könne. Er habe am Wochenanfang soviel zu tun, dass er nicht ein noch aus wüsste. Eine Kuh müsse geschlachtet werden und dafür brauche er eine kräftige Hilfe. Peter sagt sofort zu.

In jenen Tagen erfolgt die Schlachtung noch mit einem Hammerbolzen. Dem Tier, das geschlachtet werden soll, setzt man einen dicken Metallbolzen an die Stirn, der durch einen festen Schlag mit einem schweren Hammer ins Hirn getrieben wird.

Es ist soweit. Peter hält die Kuh mit seinen kräftigen Armen an den Hörnern fest, der Schlachter setzt den Bolzen an, und dann folgt der wuchtige, gekonnte Schlag mit dem Hammer. In diesem Moment brüllt die Kuh ein letztes Mal auf und schaut Peter derart traurig mit brechenden Augen an, dass es ihm durch Mark und Bein geht. Tödlich getroffen sinkt das Tier zu Boden, aber den letzten Blick wird Pitter nie vergessen. Künftig wird er auch niemals wieder bei einer Schlachtung helfen. Und das ist mit ein Grund, weshalb er jetzt von der Metzgerei genug hat. Er wendet sich anderen Dingen zu.

Alles Glück der Erde liegt auf dem Rücken der Pferde

Nicht weit von Eil, kaum einen Kilometer entfernt, liegt Schloss Röttgen, eingebettet inmitten von Wäldern, Wiesen und Feldern. Es ist umgeben von einer hohen Mauer und kann auch heute noch nur durch wenige Tore und Einfahrten betreten werden. Das Gut Röttgen, das 1918 von dem Kölner Fabrikanten Peter Mülhens erworben wurde, beherbergt eines der größten und besten Gestüte, das weit über Deutschland hinaus bekannt ist.

Schon seit seiner Kinder- und frühen Jugendzeit hat Peter Kessel ein gutes Verhältnis zu Pferden, die damals auf den Bauernhöfen als Zug- oder Reittiere die heutigen Traktoren und Autos ersetzen. Nach seiner misslungenen Metzgerlehre fasst er deshalb den Entschluss, Jockey zu werden. Also bewirbt er sich bei Mülhens und wird, da er klein, drahtig und zudem noch leicht ist, eingestellt. Fast drei Jahre dauert seine Schulung. Man ist mit ihm zufrieden, und jetzt soll er, um sich die ersten Sporen zu verdienen, nach Dortmund in den Rennstall.

Leider hat er die Rechnung ohne seine Mutter gemacht. "Du hast dich früher schon nicht gut benommen. Du hast kräftig mitgeholfen, wenn andere sich zerschlagen haben. Du hast die Mädchen angemacht. Nein, du gehst mir nicht allein nach Dortmund!" Das sind ihre Worte. Der Vater stimmt notgedrungen zu, und das ist trotz allem Bitten und Betteln das endgültige "Aus" für Peters Jockey-Karriere.

Eine ganze Menge PS mehr

Wenn es schon mit einer Pferdestärke nicht klappt, dann eben, in übertragenem Sinne, mit mehreren. So denkt sich Peter Kessel, der schon mit 19 Jahren seinen Führerschein macht. Es werden sogar eine ganze Menge PS mehr, denn er hat Freude am Fahren und wird Fernfahrer bei der Firma Löhmer-Silozüge in Forsbach. Zwölf Jahre fährt er im Fernverkehr und gründet danach sogar ein eigenes Taxi- und Mietwagenunternehmen.

Erste Schritte auf die musikalische Bühne

Nicht anders als die Kölner sind die Bewohner der umliegenden Städte, Orte und Gemeinden bekannt dafür, dass sie den Fasteleer als die fünfte und schönste Jahreszeit betrachten und lieben. Für Eil trifft das natürlich in gleicher Weise zu. Auch hier wird seit eh und je kräftig Karneval gefeiert, und das nicht zu knapp.
Peter Kessel und seine Brüder sind begeisterte Karnevalsjecken. Und da sie alle drei auch noch eine musikalische Ader haben, singen und

Die "Drei Eiler Fetze". Von links: Paul, Peter und Gerhard Kessel

Instrumente spielen können, beschließen sie Anfang der sechziger Jahre, ein Karnevals-Trio zu bilden. Nach eifrigem Proben stehen sie 1954 am Karnevalssonntag zum ersten Mal auf den Brettern, die die Welt bedeuten. Im Schützenhof in Eil feiern sie als die "Drei Eiler Fetze" ihr Debüt und ihren ersten großen Erfolg.

Zwei Jahre lang folgen Auftritte bei den verschiedensten Veranstaltungen. Die Gruppe beginnt schnell, richtig bekannt zu werden, bis sie 1956 durch einen tragischen Unfall jäh auseinander gerissen wird. Gerhard, der zweitälteste Bruder, wird in Porz-Urbach hinterrücks von einem Auto überfahren und tödlich verletzt.

Für Peter, der gerade zu Gerhard ein besonders gutes Verhältnis hatte, ist das zunächst ein kaum überwindbarer Schock. Vielleicht ist das auch mit die Ursache dafür, dass er später mehr und mehr zu einem Emotionsmenschen wird, einmal himmelhoch jauchzend, einmal zu Tode betrübt.

Aber Peter überwindet schließlich das schmerzliche Ereignis und versucht noch kurze Zeit, mit seinem Bruder Paul als Duo weiter zu machen. Leider stellt sich der erst kurz begonnene Erfolg nicht mehr ein. Man gibt auf. Die "Eiler Fetze" verlassen die Bühne für immer.

Der singende Fernfahrer

Der singende Fernfahrer

Nach wie vor ist der Gesang Peters große Leidenschaft. Und um diesen noch zu verbessern, nimmt er bei einem bekannten Bühnenstudio Gesangsunterricht. Er will weiter auf dem Podium stehen, jetzt als Solist. Und da er nunmehr in seiner beruflichen Phase als Fernfahrer tätig ist, nennt er sich einfach "Der singende Fernfahrer". Mit seinen gekonnt vorgetragenen Liedern, in erster Linie kölsche Evergreens, bewirbt er sich beim Literarischen Komitee des Festkomitees Kölner Karneval, wird akzeptiert und macht sich schon bald darauf einen gewissen Namen.

Bei seinen Auftritten bekommt er unter anderem Kontakt mit dem Tanz- und Musikcorps "Kölner Torwache e.V. von 1952", wird Mitglied und schließlich dessen Ansager und Vorsänger.

Peter Kessel hat viel Spaß an dem fröhlichen und abwechslungsreichen Leben in dieser Gemeinschaft, bis er eines Tages auf Bert Lutterbach trifft, einen Berufsmusiker aus Porz, der nicht weniger als 13 Musikinstrumente spielt.

Peter Kessel bei der Kölner Torwache

Die "Gigolos"

Bert Lutterbach hat eine ebenso stark karnevalistisch angehauchte Ader wie unser Pitter. Man ist sich schnell einig, dass man im Karneval ein gutes Gespann abgeben könnte. Und schon wird von den bereits erfahrenen Gesangssolisten und Gitarrenspielern das Duo "Die Gigolos, zwei kölsche Stimmungssänger" aus der Taufe gehoben.

"Die Gigolos", links Bert Lutterbach

Zwölf Jahre lang stehen sie gemeinsam mit Parodien und Krätzchen auf den Bühnenbrettern. Es ist eine echte Kameradschaft. Im Laufe der Zeit sind die beiden Porzer Typen in Köln stärker gefragt als in ihrem eigenen Revier. Aber das kann ihnen nur recht sein. Es kommt sogar so weit, dass einige ihrer Lieder auf Single-Schallplatten erscheinen. Wahrlich ein schöner Erfolg.

Den endgültigen Einstieg in das Plattengeschäft soll jedoch ein Titel bringen, der jahrelang in der Schublade lag und nun, zur Session 1976/1977, neu getextet und bearbeitet wird: "Vom Opa bes zom kleinste Stropp hät jeder jetz ne Plaatekopp". Das Lied ist ein Ohrwurm, und die "Gigolos" sind überzeugt, dass es der Hit der Session wird. Allerdings stehen sie noch vor einem "haarigen" Problem. "Wie kann mer dat Leed singe, ohne selvs en Plaat ze han?" Kurz entschlossen wird diese Frage gelöst. In ihrer Stammkneipe, den "Porzer Bierstuben", lassen sich die beiden zum Ergötzen und unter reger Anteilnahme aller anwesenden Gäste eine Glatze scheren. Hiermit wollen sie bis Aschermittwoch bei ihren Auftritten im Rampenlicht stehen. Das Lied wird wirklich ein Erfolg, zumal das Publikum auch von dem Gag mit den glänzenden Glatzköpfen begeistert ist.

"Die Gigolos" mit ihren "Plaateköpp"

Der "Plaatekopp" ist zwar nicht, wie erhofft, der absolute Renner in der Session, kommt jedoch so gut an, dass die "Gigolos" ihn wiederum auf einer Schallplatte veröffentlichen können.

Das Duo steigert sich von Jahr zu Jahr, wird immer besser, bis Bert Lutterbach Mitte 1984 unerwartet verstirbt. Peter Kessel verliert einen guten Freund und Weggefährten, dem er musikalisch viel zu verdanken hat.

Erste Hinweise auf ein soziales Engagement

Die "Gigolos" werden während ihrer Laufbahn nicht nur von großen und kleinen Gesellschaften und Vereinen engagiert. Wegen ihrer heiteren, aufmunternden Art sind sie auch oft bei speziellen Veranstaltungen für ein älteres Publikum zu Gast, zum Beispiel in Alters- und Pflegeheimen und ähnlichen Institutionen. Hierbei stellt Peter Kessel bereits früh fest, dass eine Reihe von Leuten zwar aufmerksam zuhört und hinterher auch kräftig applaudiert, dass jedoch manche von ihnen den etwas "moderneren" Vorträgen nicht mehr richtig folgen können.

Seinem mitfühlenden Charakter gemäß ist Peter sozial eingestellt. Er macht sich deshalb auch immer wieder Gedanken, wie man diese älteren Menschen noch auf andere Weise mal wieder richtig zum Lachen und Mitmachen bringen kann. Da kommt ihm die Idee mit der Drehorgel, einem Instrument, das in früheren Jahren von den Straßen, Gassen und Plätzen nicht wegzudenken ist. Wäre das eine Möglichkeit, den Leuten die Erinnerung und die Freude an ihre Jugend und an vergangene Zeiten wiederzugeben? Pitter fasst einen endgültigen Entschluss, der sein weiteres Leben entscheidend bestimmt und den er niemals bereuen wird. Aber hierzu kommen wir später.

Rückblick
auf die Sturm- und Drangjahre

Gehen wir zurück in das Jahr 1954. Wie wir wissen, hat Peter Kessel in diesem Jahr, er war gerade Neunzehn, schon den Führerschein gemacht. Was aber für die damalige Zeit bei weitem noch nicht selbstverständlich ist, er hat bereits ein eigenes Auto. Und das macht ihn bei seinen Freunden und Bekannten umso beliebter. Man ist ja jung, man will was unternehmen, und dabei kann ein Auto oft von großem Nutzen sein.

Peter als Friseurmodell

Mit einigen Jungs, mit denen er auch Fußball spielt, geht er öfter zum Tanzen, zum Beispiel nach Köln in den Sartory-Saal, wo man bei echter Live-Musik nach Herzenslust schwofen und sich vergnügen kann. Peter ist inzwischen ein fescher Bursche. Er hat schon immer großen Wert auf seine Kleidung und auf sein Äußeres gelegt. Wegen seiner gepflegten Haarpracht bittet ihn 1958 sogar sein Friseur, Meister Besgen aus Eil, für ihn Modell zu sitzen. Er verpasst ihm eine tolle Frisur und nimmt ihn mit zu den Friseurmeisterschaften in Wien. Als schicker junger Mann ist Peter deshalb, wen verwundert es, bei den Damen ein gern gesehener Hahn im Korb. "Ävver mer muss och jünne künne." Und das kann unser Pitter, wenigstens in den meisten Fällen.

Freundschaftsdienste in doppeltem Sinn

Oktoberfest im Sartory. Peter und sein Freund Gerd Bauß machen sich auf nach Köln und lernen dort ein nettes Mädchen kennen, Anny Litz aus Nippes, die zu dieser Zeit in der Stegerwald-Siedlung in Deutz wohnt. Gerd macht sich an sie heran, beide finden sich sympathisch, und bald schon wird sie Gerds Freundin.

Jetzt ist Peter gefragt, er hat ja schließlich ein Auto. Gerd bittet ihn immer öfter, Anny doch zu irgendwelchen Treffen oder Veranstaltungen abzuholen oder hinterher wieder nach Hause zu bringen. Andererseits will Anny ihren Gerd auch manchmal überraschend besuchen. Dann wendet sie sich an Peter, der sie mit seinem Wagen zu ihrem Freund kutschiert. Es kommt jedoch vor, dass dieser gar nicht daheim ist.

Ist es verwunderlich, dass Pitter bei diesen gemeinsamen Fahrten und "Alleingängen" nach und nach eine gewisse Zuneigung zu Anny empfindet? Wenn sie von ihrem Freund mal wieder enttäuscht ist, lädt er sie, um ihr eine Freude zu machen, einfach zu einem Abendessen oder zu einem Kinobesuch ein. Es dauert zwar ein wenig, aber dann weckt auch er Interesse bei ihr. Und schließlich kommt es, wie es kommen muss. Die beiden verlieben sich ineinander, und damit hat unser Peter dem Gerd durch seine "Freundschaftsdienste" das Mädchen regelrecht ausgespannt.

Pitter kommt unter die Fittiche

Peter Kessel und Anny Litz werden ein Paar. Nach kurzer Verlobungszeit heiraten sie am 30. März 1961 in der katholischen Kirche in Eil, sie ganz in Weiß, er in feinem schwarzen Zwirn. Es ist eine schöne Hochzeit.

Der Nachwuchs lässt auch nicht lange auf sich warten. Bald schon wird ein Junge geboren, Peter, nach seinem Vater benannt. Und wenige Jahre später folgt ein Mädchen, das auf den Namen Beate getauft wird.

Auf eigenen Füßen

Zu dieser Zeit ist Peter Kessel noch Fernfahrer, während seine Frau Anny, eine gelernte Blumenbinderin, zunächst in einem Blumengeschäft in Köln als Floristin arbeitet.
Beide wollen aber mehr, wollen unabhängig und selbständig sein. Sie geben deshalb ihre Berufe auf und legen ihre Ersparnisse zusammen. Peter gründet ein Mietwagen- und Schnelldienst-Unternehmen unter dem Namen "Mini-Car" mit der Zentrale in Rath-Heumar. Gefahren wird mit kleinen, aber praktischen Autos der Marke Renault R 4. Das Geschäft lässt sich gut an, so dass nach kurzer Zeit schon 15 Fahrer eingestellt werden können.

Peter Kessels Mini-Car-Autoflotte

Wie das Leben so spielt

Nach den anfänglichen Erfolgen wendet sich leider das Blatt. Einige Fahrer, vielleicht noch nicht gut genug geschult oder ohne die richtige Einstellung zu ihrem Job, werden in die ersten Unfälle verwickelt. Schließlich verursachen sie in einem einzigen Jahr 13 zum Teil spektakuläre Karambolagen mit Totalschäden. Die Versicherungsgesellschaften, mit denen man bis dahin zusammengearbeitet hat, wollen dafür nicht mehr aufkommen. Andere neue Gesellschaften wollen gar nicht erst mitmachen. Es kommt soweit, dass sich letztendlich bei der Familie Kessel ein Schuldenberg von 80.000 Mark angesammelt hat.

Eines Abends sagt Peter Kessel in der Zentrale zu seinen Leuten: "Wenn ich morgen früh komme und es ist wieder ein Unfall passiert, dann mache ich den Laden dicht." Und tatsächlich. Er fährt morgens ins Büro und muss erfahren, dass schon wieder etwas geschehen ist. Regelrecht erschüttert schickt er seine Fahrer wütend nach Hause und schließt das Unternehmen. Die Mini-Car-Firma wird endgültig aufgelöst und offiziell abgemeldet.

"Wir geben nicht auf!"

Diese Worte denken sich Peter und seine Frau, nachdem sie von der ganzen Misere ein wenig Abstand gewonnen haben. Kessel hat in Porz einen Bekannten, der ebenfalls ein Mietwagengeschäft unterhält. Mit nur noch einem Fahrzeug steigt er kurz entschlossen hier ein.

Für die Kessels beginnt eine verdammt harte Zeit. Tagsüber fahren sie Taxi, zumal auch Anny schon seit längerem einen Führerschein hat, und nachts arbeiten sie als Zeitungskuriere. Peter hat nämlich das

Glück, von einem Verlagshaus eine Liefertour nach Bonn für die Zeitung "Der Kicker" zu bekommen, was eine zusätzliche und willkommene Einkommensquelle bedeutet. Man braucht einfach das Geld.

Wenn die täglichen Taxifahrten zu Ende sind, geht es abends zwischen 21 und 22 Uhr ab nach Essen, um dort die Zeitungen zu laden. Diese werden nun nach Bonn gefahren und paketweise bei den Zeitschriftenhändlern, den Kiosken, usw. abgeliefert. Auf diese Weise sind die beiden morgens erst gegen vier Uhr wieder zu Hause. Sie fallen todmüde ins Bett, nur für ein paar kurze Stunden, dann wartet schon wieder die Taxi-Zentrale auf sie. Und außerdem müssen ja auch noch zwei kleine Kinder versorgt und betreut werden.

Aber die Schufterei lohnt sich. Nach kurzer Zeit schon sind die 80.000 Mark Schulden abgetragen. Peter und Anny atmen auf und blicken hoffnungsvoll in die Zukunft. Doch wieder einmal kommt es anders als sie denken.

Ein leidvoller Zwischenfall

Es ist ein hektischer, arbeitsreicher Tag. Peter Kessel sitzt mit wenigen Unterbrechungen 15 Stunden hinter dem Steuer seines Wagens. Für Taxifahrer sind derart lange Arbeitszeiten in den damaligen Jahren keine Seltenheit. Gestresst und geschafft fährt er nach Hause, legt sich auf die Couch und sagt seiner Frau, er möchte sich nur ein wenig ausruhen.

Peter schläft ein, fest und tief. Er hört nicht mehr das Telefon, das ihn schon wieder zu einer nächtlichen Fahrt wecken will. Anny will ihrem Mann die wohlverdiente Ruhe gönnen und übernimmt, ohne einen Bescheid zu hinterlassen, den Einsatz. Sie soll zum Hotel Neunzig am Linder Mauspfad in Wahn, wo ein Gast einen Wagen bestellt hat. Es regnet, aber auf schnellstem Wege kommt sie dort an. Sie steigt aus, und genau in diesem Augenblick schießt aus dem Dunkel ein Auto heran, ohne eingeschaltetes Licht. Der Wagen erfasst sie, schleudert sie von der Straße - und fährt weiter. Über eine Stunde liegt Anny Kessel bewusstlos in einem regendurchnässten Graben, bis sie gefunden wird. Wie sich später herausstellt, handelt es sich bei dem Unglücksfahrer um einen belgischen Offizier, der in Wahn stationiert ist.

Am laufenden Band klingelt bei Peter das Telefon, bis er endlich wach wird. Zunächst will er nicht glauben, was man ihm erzählt. Doch dann wird er abgeholt, zur Unfallstelle gebracht und hinterher sofort ins Krankenhaus, wo seine Frau auf der Intensivstation im Koma liegt. Peter kann sich kaum noch fassen.

Weit über vier Wochen liegt Anny in der Klinik. Peter besucht sie jeden Tag, und endlich stellt sich heraus, es ist alles noch einmal gut gegangen. Eine wahre Erlösung für unseren Pitter. Aber Anny soll nie wieder Taxi fahren.

Ende einer aufreibenden Zeit

Nach ihrer Genesung eröffnet Anny Kessel in Porz ein eigenes Blumengeschäft. Währenddessen macht Peter in seinem Beruf weiter, am Tag als Taxifahrer und nachts als Zeitungskurier. Jetzt kommt aber noch hinzu, dass er morgens um vier vom Blumenmarkt frische Blumen für das Geschäft seiner Frau holen muss. Das ist schließlich für den stärksten Mann zu viel. Nach etwa zwei Jahren wird daher der Blumenladen wieder geschlossen. Peter indes fährt als selbständiger Unternehmer noch weiter, gibt aber dann nach einiger Zeit das Taxi- und Mietwagengeschäft endgültig auf. Im übrigen hat er nunmehr auch andere, für ihn schönere Dinge im Kopf.

Aus Peter Kessel wird "Orgels-Pitter"

Während seiner verschiedenen Tätigkeiten hat Peter Kessel eines nie aufgegeben: die Musik. Er steht, wie wir bereits wissen, nebenberuflich als "Der singende Fernfahrer" und anschließend mit Bert Lutterbach als "Die Gigolos" auf der karnevalistischen Bühne. Er macht sich hierbei schon früh Gedanken, wie man älteren Leuten die Erinnerung an ihre Jugend und vergangene Zeiten wiedergeben könnte. Und das ist der Grund, weshalb er sich 1976 eine Drehorgel kauft.

Es ist ein wunderschönes Instrument, eine 24er Schmiede-Orgel, die allerdings auch ihren Preis hat. Fast 6.000 Mark muss er dafür hinblättern, für die damalige Zeit ein enormer Betrag. Und jetzt steht Peter vor einem Riesenproblem: "Wie sage ich es meiner Frau?"

Orgels-Pitter mit seiner ersten Orgel

Anny reagiert stocksauer, ist doch jeder Pfennig eigentlich für die Zukunft der Familie gedacht. Aber unser Peter redet mit Engelszungen auf sie ein, erzählt ihr von seinen uneigennützigen Plänen, und das Glück steht ihm bei. Er kann sie überzeugen, Anny zeigt Verständnis und ist am Ende sogar gerne bereit, seine Ideen durch eigene Initiative zu unterstützen. Sie lernt ganz einfach, das Instrument ebenfalls zu bedienen, das heißt, richtig Orgel zu spielen. Pitter freut sich darüber, dass er sich nun einen lange gehegten Wunsch erfüllen kann.

Debüt als Drehorgelmann

Durch seine Auftritte im Karneval kennt Peter Kessel auch Toni Steingass, den Chef des legendären Steingass-Terzetts. Steingass moderiert unter anderem am Tanzbrunnen im Rheinpark in Köln-Deutz die beliebte Wohltätigkeitsveranstaltung "Senioren für Senioren", die später von Walter Winkler für den Paritätischen Wohlfahrtsverband weitergeführt wird. Noch heute wird eine ähnliche Veranstaltung, wenn auch in etwas anderer Form, unter dem Namen "Familje-Festivälche" von dem bekannten und charmanten Kölner Komponisten, Autor, Volkssänger und Entertainer Ludwig Sebus geleitet.

Eines Tages schnappt sich Kessel das Telefon, ruft Steingass an und sagt: "Ich hab mir eine Drehorgel gekauft. Wenn du am Tanzbrunnen mal ein Loch im Programm hast, sag mir Bescheid." Steingass antwortet ohne zu zögern: "Wenn du es bist, Pitter, hab ich sofort ein Loch." Und schon steht Peter kurz darauf mit seinem Leierkasten bei Toni auf der Bühne und hat einen Riesenerfolg.

Auf diese Weise wird aus Peter Kessel unser heutiger "Orgels-Pitter", der seit damals bis heute jedes Jahr wenigstens einmal am Tanzbrunnen zu Gast ist, zur Freude des Publikums.

Das Wichtigste jedoch ist, dass er alle diese Auftritte kostenlos, also ohne jegliche Honorarforderung, zum Wohl der Allgemeinheit bestreitet.

Wie es der Zufall will, ist bei seiner ersten Darbietung als Drehorgelmann im Kölner Rheinpark auch jemand unter den Zuschauern, der sich mit dem bevorstehenden "Tag der offenen Tür" in der Kölner Oper befasst. Ihm gefällt es, wie der kleine quirlige Mann mit dem selbst damals schon etwas altmodischen Instrument die Leute unterhalten kann. Und so kommt es zum zweiten offiziellen Auftritt von Orgels-Pitter. Am "Tag der offenen Tür" spielt er mit seiner Orgel im Opernhaus zum Empfang der Gäste.

Die Politik ruft

Nach seiner Arbeit in der Kölner Oper wird Peter Kessel angesprochen, ob er vielleicht Lust habe, bei einer Werbeveranstaltung der CDU auf dem Neumarkt mitzuwirken. Selbstverständlich sagt er nicht Nein. Parteien sind ihm egal. Für ihn ist die Hauptsache, dass er spielen kann. Und er macht es auch hier dermaßen gut, dass er wenig später eine unerwartete und völlig überraschende Nachricht erhält. Orgels-Pitter und seine Frau werden offiziell zu einer großen Geburtstagsfeier für Bundestagsvizepräsidentin Annemarie Renger eingeladen. Sonntag, der 7. Oktober 1979. In der Spichernstraße 24 am Stadtgarten geht es hoch her. In seiner Wohnung im 5. Stock hat der Kölner Medienexperte Manfred Schmidt für Frau Renger eine Party ausgerichtet. Manfred Schmidt ist in Insiderkreisen bekannt für seine tollen Arrangements. Bei ihm, der sich Kontakter, Drahtzieher, Promotion-Berater und Journalist nennt, geht die hochkarätige Prominenz aus Politik und Show-Business ein und aus. Er weiß, was bei diesen meist sehr verwöhnten Leuten ankommt. Keine feinen Partys in einem Luxushotel, kein erzwungenes Gehabe. Nein, in seiner knapp 110 Quadratmeter großen Wohnung herrscht eine unwahrscheinlich gemütliche und unkonventionelle Atmosphäre. Schmidt kennt die geheimen Wünsche seiner Gäste. Sie wollen für kurze Zeit endlich mal wieder "Mensch" sein.

So auch an diesem Abend. Unter Polizeischutz fahren schwere Limousinen vor. Ehe die Besucher jedoch den Ort des Geschehens erreichen, müssen sie zuerst einmal 62 Stufen bis zur fünften Etage überwinden. Einen Aufzug gibt es nicht, und mancher kommt dabei ziemlich aus der Puste. Aber der schweißtreibende Aufstieg lohnt sich. Da sind sie ja alle, die Freunde und Bekannten aus Bonn und die Stars der damaligen Szene.

"Mer loße der Dom en Kölle!" Mildred Scheel, Maria Ehmke, Rut Brandt und Alfred Biolek singen im Chor, mehr oder weniger schön, aber einfach herrlich. Cliff Richard gratuliert Frau Renger mit einem Küsschen, Lilo Pulver "verpulvert" leckeres Kölsch mit Außenminister Genscher, während unser kölscher Willy Millowitsch lieber einen guten Cognac vorzieht.

Bundeskanzler Helmut Schmidt meckert mit anwesenden Fotoreporten: "Scheiß- Knipskisten", wogegen seine Frau Loki in aller Ruhe Tomatensuppe im Stehen löffelt. Udo Lindenberg stolpert durch die dicht gedrängte Menge, Arbeitsminister Ehrenberg verzehrt genüss-

Geburtstagsparty für Bundestags-Vizepräsidentin Annemarie Renger (l.).
Gastgeber Manfred Schmidt (m.), Peter Kessel und Außenminister Genscher (r.)

lich eine Hähnchenkeule, und Innenminister Baum trägt seinen kleinen fünf Jahre alten Sohn, der trotz des Lärms und des Trubels eingeschlafen ist, die Treppe hinab zu seinem Dienst-Mercedes.
Weitere Gäste amüsieren sich ebenfalls köstlich in diesem Gewühl, so zum Beispiel Dr. Ehmke, Jupp Derwall, Klaus Bölling, Paul Hubschmid, Wolfgang Leonhard und Richard Stücklen. Doch dann wird es in einem Nebenraum besonders laut. Trude Herr ist richtig in Stimmung gekommen und gibt einige ihrer bekannt deftigen Witze zum Besten. Und wer steht mitten drin in diesem Festgetümmel? Natürlich Orgels-Pitter mit seiner Drehorgel, immer öfter unterbrochen von Staatsminister Hans-Jürgen Wischnewski, der mit vollem Einsatz und zur Begeisterung der fröhlichen Runde ebenfalls kräftig den Schwengel dreht. "Nä, wat wor dat för en schöne Naach!" Das sagen sich alle, die am nächsten Tag wieder einigermaßen fit und auf den Beinen sind. Und Peter Kessel hat sich nunmehr als "Orgels-Pitter" bereits einen richtigen Namen gemacht, zumal auch die Presse groß über dieses Ereignis berichtet.

Pitter mit Johannes Rau auf dem Kölner Wilhemplatz

Pitter bei der Geburtstagfeier von "Ben Wisch"

Weitere "politische" Auftritte folgen jetzt zwangsläufig. Wegen seiner intuitiven humorigen und trotz allem bescheidenen Art wird er in der Folgezeit regelrecht "weiter gereicht". So sieht man ihn beispielsweise bei einer SPD-Veranstaltung mit Johannes Rau auf dem Wilhelmsplatz in Köln-Nippes wie auch bei Geburtstagsfeiern von Hans-Jürgen Wischnewski in dessen Privathaus im Hahnwald. Überall wird er mittlerweile freundschaftlich empfangen. Man kennt ihn ja schon, unseren Orgels-Pitter. Aber hiermit wollen wir zunächst einmal das politische Kapitel abschließen.

Ein Herz für die, die es nötig haben

Ein Jahr später fasst Peter Kessel den Entschluss, sich mit seiner Drehorgel hauptsächlich in den Dienst der karitativen Sache zu stellen. Er will mithelfen, die Not und das Leid der Menschen in den Alters- und Pflegeheimen sowie der Kranken und Bedürftigen im Rahmen seiner Möglichkeiten und nach besten Kräften durch finanzielle Unterstützung zu lindern.

Wieder ist es ein Oktoberfest, 1980 in Porz, auf dem er deshalb durch die Straßen zieht und für die Organisation der Deutschen Krebshilfe unter der Schirmherrschaft von Frau Dr. Mildred Scheel zu Spenden aufruft. Hierbei erzielt er zwei persönliche Rekorde. Erstens spielt er an diesen Festtagen insgesamt 56 Stunden auf seiner Orgel, jeweils von morgens früh bis spät in den Abend. Er kann seine Arme hinterher kaum noch bewegen. Und zweitens hat er schließ-

Kessel überreicht den ersten Spendenscheck an Frau Dr. Mildred Scheel

lich nach dieser wirklich anstrengenden Arbeit einen Gesamterlös von genau 1.001,57 Mark in seinem Sammeltopf, der immer auf seiner Orgel steht.

Auf seiner Bank legt er ein separates Konto für die Krebshilfe an. Durch weitere Einsätze kommen noch ein paar Mark hinzu, und drei Monate später hat Orgels-Pitter Gelegenheit, der Schirmherrin persönlich einen Spendenscheck in Höhe von insgesamt 1.123,00 Mark zu überreichen. Mildred Scheel bedankt sich herzlich mit Kaffee und Kuchen. Außerdem erhält Kessel für sein Engagement und seine Hilfe bei ihrer schwierigen Aufgabe am 27. April 1981 eine offizielle Ehrung und wird mit einer Urkunde ausgezeichnet.

Noch im gleichen Jahr zahlen sich Peter Kessels Mühe und Arbeit auch medienmäßig aus. Es erscheinen eine erste Langspielplatte und eine Musikkassette mit dem Titel "Kölsche Tön vum Orgels-Pitter", auf denen er mit seiner Orgel und seinem Gesang 17 Lieder kölscher Komponisten interpretiert, angefangen von Willi Ostermann (Heimweh nach Köln) über Karl Berbuer (Un et Arnöldche fleut), Toni Steingass (Der schönste Platz ist immer an der Theke) bis hin zu der damals schon bekannten Sängerin Marie-Luise Nikuta (Wenn die Engelcher ens Fastelovend fiere).

Der Erfolg steigt unserem Pitter jedoch nicht zu Kopf. Was macht er mit den Tantiemen aus dem Verkauf der Platten und Kassetten? Wir können es uns schon denken. Er gibt sie weiter für wohltätige Zwecke.

>
> ALS DANK
> FÜR DIE UNTERSTÜTZUNG
> DER GROSSEN GEMEINSCHAFTSAUFGABE
> DEUTSCHE KREBSHILFE
> BEI DER BEKÄMPFUNG
> UND DER ERFORSCHUNG
> DER KREBSKRANKHEITEN
> HAT HEUTE DIE PRÄSIDENTIN
> DER DEUTSCHEN KREBSHILFE
> DR. MILDRED SCHEEL
>
> den «Orgelspitter» Peter Kessel
> MIT DIESER URKUNDE AUSGEZEICHNET.
> BONN, DEN 27. April 1981
>
> URKUNDE NR. 247

Eine Kölner Orgels-Familie

"Et Ännche met der Drihorgel"

Das Geschäft mit der Orgel, man kann es mittlerweile wirklich ein Geschäft nennen, läuft derart gut an, dass es zu einer zusätzlichen und willkommenen finanziellen Hilfe für die Familie Kessel wird. Peter ist ja zu dieser Zeit immer noch Taxifahrer, bekommt je-doch nunmehr ständig weitere Auftrittsverpflichtungen, die er oft gar nicht mehr alleine bewältigen kann. Mit großem Vergnügen springen deshalb jetzt seine Frau Anny und nicht zuletzt seine Tochter Beate mit ein. Ein zweites Instrument, eine 20-Ton-Drehorgel wird angeschafft, und bald schon kann man Anny als "Et Ännche met der Drihorgel" abwechselnd mit Beate als "Et Botterblömche" bei den verschiedensten Veranstaltungen sehen. Wenn Pitter beispielsweise an einem Samstag im Sartory seinen Schwengel dreht, können Anny oder Beate zur gleichen Zeit im Gürzenich, in den Messesälen oder an anderen Orten zusätzliche Termine wahrnehmen.

Aber für Peter genügt das nicht mehr. Um seinen bis dahin schon erstklassigen Ruf als Orgels-Pitter noch weiter zu verbessern, geht er hin und lässt in Holland extra für sich ein neues Instrument bauen, eine riesige vier mal sechs Meter große Panorama-Straßenorgel mit

328 Pfeifen, auch Orchestrion genannt. Angetrieben wird das einmalige und wertvolle Stück mit Strom aus der Steckdose oder alternativ mit der Kraft eines speziellen Treibstoffgenerators.

Beate Feltes, geb. Kessel, "Et Botterblömche"

Es ist wohl nicht nur für Köln-Porz eine Premiere, als das Superinstrument am 11. August 1982 in der Josefstraße der Allgemeinheit vorgestellt wird. Gespeist mit musikalischen Lochkarten ertönt erstmals die Musik aus der Kesselschen Neuerwerbung, alles gängige Lieder wie "Tulpen aus Amsterdam" oder die altbekannte "Rosamunde". Und zwischendurch erklingen weiterhin die alten, von Hand gekurbelten Leierkästen, alles gespielt und organisiert von der ganzen Familie.

Selbst Petrus scheint sich zu freuen und lässt die Sonne schöner denn je von einem tiefblauen Himmel strahlen. Die Passanten bleiben verzückt stehen und lauschen dem musikalischen Treiben der "Kessel-Family". Für diese ist es ein einmaliger gemeinsamer Einstand, über den landesweit berichtet und geschrieben wird. Alle Beteiligten sind begeistert, besonders Anny Kessel: "Was gibt es Schöneres, als anderen Menschen Freude zu machen. Ohne Leierkastenmusik kann unsere Familie nicht mehr leben!"

Orgels-Pitter mit seiner großen Panorama-Straßenorgel, dem Orchestrion

Moritaten

Inzwischen hat sich Orgels-Pitter auch dem althergebrachten Moritatengesang verschrieben. Moritaten, der Begriff ist vermutlich ein Wortgebilde aus Moral und Untat, sind in der Regel Rühr- und Schauergeschichten mit einem moralisierenden Schluss, die zu Leierkastenmusik und entsprechenden Bilderfolgen vorgetragen werden.

Die Bilder, ähnlich wie die heutigen Comics, sind meist stark übertrieben auf eine Leinwand gemalt oder gezeichnet, die an einem Ständer aufgehängt wird. Während seiner musikalischen Erzählungen weist der Moritaten- oder Bänkelsänger mit einem Zeigestock nacheinander auf die einzelnen Motive, um auf diese Weise seine Darbietung optisch zu unterstreichen. Viele dieser Moritaten haben sich bis heute erhalten, zum Beispiel "Mariechen saß weinend im Garten", um hier nur eine zu nennen.

Peter Kessel hat sich einige dieser Bildwände zugelegt, farbenfroh und eindrucksvoll gestaltet von seinem Bekannten Franz Metzmacher, der zwar kein Maler, aber ein großes Naturtalent ist. Die zum Teil schaurig-schönen Motive und Darstellungen sind an einzelnen Springrollos angebracht und somit leicht zu handhaben und zu transportieren.

Auch diese alte Art des Vortrags hilft unserem Pitter, seinen Ruf als traditioneller Orgelsmann weiter zu festigen und auszubauen.

Orgels-Pitter, der Moritatensänger

Immer auf Achse

Orgels-Pitter, mittlerweile Mitglied im Club Deutscher Drehorgelfreunde, ist jetzt ständig unterwegs, allein oder mit Familie, mal mit der Großorgel, mal mit der Handorgel, mal mit allen zusammen. Großes Internationales Drehorgel-Festival auf dem Kurfürstendamm in Berlin. Fast 240 Leierkastenspieler aus sieben Nationen sind angereist. Orgels-Pitter ist selbstverständlich dabei und eröffnet das Fest mit einem Moritaten-Beitrag. Und er ist ein würdiger Vertreter seiner Heimatstadt Köln. In der Standardklasse des Wettbewerbs bekommt er von der Jury und der Berliner Bevölkerung den ersten Preis und damit die Goldmedaille. Gleichzeitig können die Zuschauer der Veranstaltung eine Beliebtheitsskala durch Beifall erstellen. Hierbei

erreicht er einen beachtlichen fünften Platz und ruft strahlend vor Freude: "Ich bin zufrieden, ich war dabei!"
Wenig später will er an einem Orgel-Festival im schweizerischen Thun teilnehmen, zu dem Orgelsmänner aus 15 Ländern erwartet werden. Leider macht ihm die plötzliche Erkrankung seiner Mutter einen Strich durch die Rechnung. Trotzdem wird er kurz darauf aus der Schweiz mit einer Urkunde und einer Goldplakette bedacht. Die Veranstalter und Organisatoren haben ihn in Berlin gesehen und sind noch immer so begeistert, dass sie ihn auch ohne Beteiligung an dem Wettbewerb in Thun für auszeichnungswürdig halten.

Kölscher Abend in Pforzheim

Nach Bekanntwerden der Idee, in Pforzheim einen Drehorgeltag zu veranstalten, freuen sich viele Bürger, dass mal wieder etwas Neues in der Innenstadt geschieht, was zur Belebung der Fußgängerzone beiträgt. Und sie freuen sich noch mehr, als endlich der Termin für die "1. Pforzheimer Drehorgelei" Ende Mai 1983 feststeht.
Einer aber macht sich auch Gedanken darüber, ob da nicht noch etwas Besonderes zu arrangieren wäre, was nicht nur der Stadt, sondern auch ihm zum Vorteil gereicht. Hierbei handelt es sich um Heinz Dirk Hartl, den Wirt des bekannten Szene-Lokals "Pic Pic". Wenn er eine Sache wittert, die auch nur die geringste Chance verspricht, dann wird sie auch umgehend vermarktet. Und deshalb lädt er Orgels-Pitter, der für ihn der Weltmeister im Drehorgel-Dauerspielen ist, zu einem "Kölschen Abend" ein. Er bietet so genannte Domstadt-Getränke an, zum Beispiel ein "Kölsch langgezapft" sowie "rheinische Gerichte", die man allerdings auch überall anderswo in Deutschland haben kann.
Eine illustre Gästeschar füllt das Restaurant in kürzester Zeit. Viele, die nicht vorbestellt haben, finden keinen Platz mehr und müssen

unverrichteter Dinge wieder gehen. Die übrigen jedoch amüsieren sich köstlich über die lustige und humorvolle Art des Drehorgelmannes mit dem Stoffäffchen und dem Töpfchen auf dem Leierkasten, das von den Pforzheimern schnell in "Milchhäfele" umgetauft wird.

Orgels-Pitter spielt und singt kölsche Lieder, aber auch seine Moritaten, die er wie immer an schönen Bildtafeln erläutert. An diesem Abend ist er der Star im "Pic Pic", und für die Gäste ist es etwas ganz Ausgefallenes, wie man es in Pforzheim nicht alle Tage erlebt. Peter hat sein Köln einmal mehr gut vertreten.

Kleine Episoden, so ganz nebenbei

Anfang 1982 beginnt der Startenor René Kollo seine Deutschland-Tournee in der ehemaligen Bundeshauptstadt Bonn. In der ausverkauften Beethoven-Halle herrscht Berliner Flair. Im Foyer steht Orgels-Pitter zur Begrüßung der Gäste mit seiner Orgel, aus der selbstverständlich die alten Lieder von Renés Vater und Großvater erklingen: "Zwei rote Rosen, ein zarter Kuss", "Was eine Frau im Frühling träumt" oder der Evergreen-Schlager "Granada".

Nach dem Konzert gibt es noch einen richtigen "Absacker". Kollo und seine Freunde stärken sich mit Bier, Frikadellen und Bratkartoffeln. Und Peter dreht dazu

Start der Deutschland-Tournee 1982 von René Kollo (m.) in der Beethoven-Halle in Bonn

fröhlich die Kurbel. Doch wie kommt es dazu? Im Nachhinein ist die Antwort ganz einfach. Marguerite, die Schwester von René, wird von guten Bekannten auf Kessels Spiel und seine ungezwungene Art aufmerksam gemacht und lädt ihn kurzerhand als Überraschung für ihren Bruder zur Umrahmung der Premiere ein.

Ein Jahr später trifft Peter Kessel noch einmal mit René Kollo zusammen. Dieses Mal sitzt er zufällig am Köln-Bonner Flughafen in seinem Taxi, als der Operntenor einsteigt und sich von ihm zum Hotel Excelsior-Ernst in Köln bringen lässt. Während der Fahrt plaudern beide über ihren vergangenen gemeinsamen Auftritt in Bonn, und der große Sänger engagiert den kleinen Taxifahrer vom Fleck weg für ein "Orgel-Konzert". Für Pitter ist das erneut ein Erlebnis, an das er immer wieder gerne und auch mit etwas Stolz zurückdenkt.

Im Jahr zuvor gibt es aber noch ein weiteres besonderes Treffen, ein Treffen von drei kölschen Originalen in Gremberghoven, wie es dieser Ort noch nie erlebt hat. Original Nr.1, Clemens Müter, auch die "Clementine vun Kölle" genannt, feiert seinen 42. Geburtstag in der Gaststätte Weigel. Der "Größte Marktschreier Europas" und Inhaber mehrerer Weltrekorde wie im Dauerduschen und Schuhputzen hat über 50 Freunde, Vereinsmitglieder und Geschäftspartner zu Sekt, Kölsch und einem großen Büffet gebeten. Original Nr.2 ist unser Orgels-Pitter, der das Geburtstagsständchen bringt, und schließlich erscheint noch das Original Nr.3, der bekannte Ex-Boxer Peter Müller, die "Aap", zum Gaudi aller anwesenden Gäste. Man kann sich vorstellen, es wird ein wahnsinnig verrückter Abend. Was die drei im Laufe der Stunden von sich geben, wird kaum einer glauben, der nicht dabei war.

Ehrungen für sozialen Einsatz

Selbstverständlich stellt Peter Kessel sein Orgelspiel auch nach wie vor in den Dienst der sozialen Sache. Mittlerweile stiftet er einen großen Teil seiner Einnahmen nicht nur der Deutschen Krebshilfe, sondern auch vielen anderen gemeinnützigen Institutionen, zum Beispiel einer Hilfsorganisation für notleidende Kinder in Brasilien und Tahiti, für die SOS-Kinderdörfer, die Polenhilfe oder das Deutsche Rote Kreuz. Er sammelt bei Drehorgel-Festivals in Holland, Belgien, Frankreich, der Schweiz und sogar in Ungarn. Die Summe der gespendeten Gelder wird größer und größer, und so bleibt es nicht aus, dass er mit zahlreichen Ehrungen und Auszeichnungen bedacht wird.

Bereits früh verleiht ihm die "Gemeinschaft Völkerverständigung Duisburg" die Friedenslorbeer-Medaille für besondere Verdienste und für geleistete Hilfe auf dem Gebiet der Verständigung mit allen Menschen der Welt. Wenig später erhält er zudem noch das Große Ehrenkreuz. Diese Gemeinschaft hat es sich zur Aufgabe gemacht, Bürger auszuzeichnen, die sich im sozialen Bereich und in der Völkerverständigung verdient gemacht haben. Weiter geht es in loser Reihenfolge: Norbert Burger, der damalige Oberbürgermeister der Stadt Köln, empfängt ihn in seinem Amtszimmer im Kölner Rathaus und würdigt sein soziales

Engagement. Er überreicht ihm im Namen der gesamten Bürgerschaft einen Wappenteller der Stadt Köln. Und da inzwischen bereits mehr als 150.000 Mark auf den verschiedensten Spendenkonten eingegangen sind, fragt Burger den überglücklichen Pitter, warum er so etwas mache. Dieser antwortet kurz und bescheiden: "Dazu muss man wohl geboren sein."

Empfang bei Alt-Oberbürgermeister Dr. Norbert Burger

Ein ganz persönliches Dankschreiben widmet ihm auch der ehemalige Berliner Regierende Bürgermeister Eberhard Diepgen, nachdem Peter Kessel bei einem weiteren Drehorgelfest in Berlin erneut ein paar hundert Mark für Bedürftige gesammelt hat. Auch die Festival-Leitung ehrt ihn mit einer Urkunde und einem Bild des berühmten italienischen Orgelbauers Bacigalupo auf einem wertvollen Schmuckteller. Gleichzeitig wird Orgels-Pitter zu zahlreichen Empfängen und Veranstaltungen eingeladen, um ihnen einen musikalischen Rahmen zu geben. Und der Sender RTL macht mit ihm eine Fernsehaufnahme am Wannsee.

Unvergesslich bleibt den Berlinern laut Aussage der Kölnischen Rundschau auch der Festzug über den Kurfürstendamm mit den Orgelspielern in ihren historischen Trachten. Krönender Abschluss dieses Umzuges - Peter Kessel mit seiner Großorgel. Unser Pitter interpretiert das auf seine Art: "Das war ein Gefühl wie am Rosenmontag, wenn man als Prinz durch die Straßen fährt."

Die "Goldene Schallplatte"

Zurück nach Köln. Es ist der 31. Oktober 1985. Im Bezirksrathaus in Köln-Porz findet das Wohltätigkeitskonzert "Die gute Tat" mit dem Männergesangverein Concordia Porz-Eil statt. Wieder ist Orgels-Pitter dabei und singt, begleitet von dem bekannten Musiker und Akkordeonisten Wolfgang Greis, seine Lieder. Doch dann kommt der wahre, unvorhergesehene Höhepunkt dieses einmaligen Abends.

Ralf Bernd Assenmacher, der damalige Präsident des Festkomitees Kölner Karneval, betritt die Bühne, bittet Kessel zu sich und überreicht ihm eine Goldene Langspielplatte mit dessen Liedern für seine großen Erfolge im In- und Ausland und als Vorbild in der Darstellung. In seiner Laudatio hebt Assenmacher hervor: "Der Orgels-Pitter ist ein Mann mit Herz und Gemüt, der es versteht, zur Verständigung der Menschen beizutragen." Und auch im Namen des Festkomitees bedankt er sich für Kessels sozialen Einsatz, indem er ihm einen Platz auf einem Wagen beim nächsten Rosenmontagszug verspricht. Unser Pitter ist zunächst sprachlos, hat dann aber bald für weitere kölsche Lieder seine Stimme wiedergefunden, die vom Publikum unter brausendem Applaus und mit Standing-Ovations aufgenommen werden.

Ralf Bernd Assenmacher überreicht Peter Kessel die "Goldene Schallplatte"

Oktoberfest

Oktoberfeste scheinen es Peter Kessel irgendwie angetan zu haben. Auf einem Oktoberfest lernt er seine spätere Frau Anny kennen. Auf einem Oktoberfest sammelt er die ersten Spenden für die Deutsche Krebshilfe. Kurz nach einem Oktoberfest erhält er eine Goldene Schallplatte, und seit langen Jahren ist er auf den Oktoberfesten in Porz immer wieder als Orgelsmann unterwegs.

Der Kölner Stadt-Anzeiger schreibt darüber am 8. September 1986: "Eine besondere Ehre wurde Orgels-Pitter zuteil. Die Porzer Innenstadtgemeinschaft (ISG) ‚Unsere Lebendige Stadt' bedankt sich beim ihm und seiner Familie für den großartigen Einsatz, die sie seit zehn Jahren, also bei allen bisher stattgefundenen Oktoberfesten, für einen guten Zweck geleistet haben."

Gerade bei diesem Fest gibt es einen ständigen Wechsel zwischen Oldies, Rock, Jazz, kölschen Tön und Country-Musik. Doch trotz dieser musikalischen Vielfalt ist Pitter einer der Höhepunkte. Alt und Jung verweilen verträumt vor der großen Panorama-Orgel unseres Originals und spenden eifrig in die bereitgestellten Sammelbüchsen. Über 2.500 Mark werden schließlich gezählt, die dieses Mal wiederum der Deutschen Krebshilfe gestiftet werden. Deren Geschäftsführer Achim Ebert, der Nachfolger der inzwischen verstorbenen Gründerin und Schirmherrin Frau Dr. Scheel, überreicht Peter Kessel erneut eine Dankesurkunde und lobt seine Verdienste.

Auch die Innenstadtgemeinschaft ehrt ihren Porzer Bürger mit einer Urkunde für all die Spenden, die im Laufe der Jahre für eine der wohl wichtigsten Aufgaben der heutigen Medizin zusammengekommen sind. Wieder ein Ansporn für Pitter, in der gleichen Weise weiterzumachen.

Apropos Panorama-Orgel

Die Aufsehen erregende und Menschen anlockende Straßenorgel, von der wir jetzt bereits mehrfach gehört haben, hat trotz ihrer Schönheit und ihres herrlichen Klangs auch ihre Nachteile. Wegen ihrer Größe kann sie nur auf einem speziellen Anhänger transportiert werden. Wenn der Wettergott bei einer Veranstaltung mal nicht mitspielt und die Regenschleusen öffnet, muss sie schnellstens wasserdicht abgedeckt werden, was bei ihrem Umfang und einer Höhe von fast vier Metern gar nicht so einfach zu bewältigen ist. Und nicht zuletzt muss man sie nach ihren Einsätzen an einem sicheren und geschützten Ort unterbringen.
Vierzehn Jahre lang schlägt sich Peter Kessel mit diesem Problem herum, ist ihm doch gerade dieses Superinstrument ganz besonders ans Herz gewachsen. Nach und nach aber wird die Sache für ihn immer umständlicher, zumal er außerdem mit einer kleinen Handorgel bedeutend mehr Auftritte machen kann. Es fällt ihm daher wirklich nicht leicht, sich schließlich von seinem guten und wertvollen Stück zu trennen. 1996 wird das Orchestrion verkauft, das ihn über eine lange Zeit hinweg auf seinem musikalischen Weg begleitet hat. - Aber gehen wir nun wieder ein paar Jahre zurück.

Heilige Nacht

Heiligabend in Porz-Eil. Dunkle Wolkenfetzen schieben sich träge über den nächtlichen Himmel. Nur ab und zu finden ein fahler Strahl des Mondes oder das blasse Glitzern eines fernen Sterns ihren Weg auf die Erde. Es ist kalt. Es nieselt, manchmal vermischt mit ein paar wässrigen Schneeflocken. Es ist eine Nacht in der man, wie es allgemein heißt, noch nicht einmal einen Hund nach draußen schickt. Aber wie sagt schon Joseph von Eichendorff in einem alten Gedicht:

"Markt und Straßen stehn verlassen,
still erleuchtet jedes Haus.
Sinnend geh ich durch die Gassen,
alles sieht so festlich aus."

Und so ist es auch heute. Die Straßenlaternen, die weihnachtliche Beleuchtung der Geschäfte und die vielen elektrischen Lämpchen eines übergroßen Christbaums vor der Kirche durchstrahlen das ungemütliche Dunkel mit einem festlichen Schein.

Wenn wir an den Häusern emporschauen, erblicken wir überall in den Fenstern weiße und bunte Lichter, die uns an die Bedeutung des heutigen Abends erinnern. Und hinter diesen Fenstern, im warmen Glanz der Kerzen, feiern die Menschen den Beginn der Heiligen Nacht. Doch plötzlich - was ist das? Fröhliche Leierkastenklänge schallen durch die leeren Straßen: "Ihr Kinderlein kommet", "Oh Tannenbaum" und weitere Weihnachtslieder, die wir schon seit unserer Kinderzeit kennen. Orgels-Pitter ist wieder einmal unterwegs, dick eingemummmelt, den Kopf bedeckt wie immer mit seinem Markenzeichen, dem großen grauen Zylinder.

Überall in den Häusern werden Vorhänge beiseite geschoben, Jalousien hochgezogen, und aus den Fenstern wirft man dem einsamen Spielmann kleine Papierpäckchen zu, in denen Münzen und manchmal auch Scheine eingewickelt sind. Pitter bedankt sich mit einem "Fröhliche Weihnachten!" und dreht weiter seine Runde und natürlich die Kurbel seiner Orgel.

So macht er es mit wenigen Ausnahmen schon seit Jahren in der Heiligen Nacht, selbst heute noch. Das gesammelte Geld stiftet er den SOS - Kinderdörfern des Hermann-Gmeiner-Fonds in München. Es ist sein ganz persönliches Weihnachtsgeschenk für die, die es wirklich bitter nötig haben.

Ein einmaliges Erlebnis bahnt sich an

Bei einer Auftrittsverpflichtung im Kölner Domhotel kommt Peter Kessel zufällig ins Gespräch mit Domprobst Heinz-Werner Ketzer. Ketzer, der schon manches von Orgels-Pitter gehört hat, unterhält sich mit ihm eine ganze Zeit lang über Gott und die Welt. Unser Pitter erzählt ihm aus seinem Leben und meint unter anderem so ganz nebenbei, es wäre doch vielleicht schön, auch beim Papst in Rom einmal mit seiner Orgel spielen zu dürfen. Eigentlich eine Schnapsidee, obwohl Peter, wie bei allen seinen Auftritten, vollkommmen nüchtern ist. Umso erstaunter ist er deshalb, als der Domprobst ihm verspricht, er wolle sehen, was sich eventuell tun ließe. Kessel fasst das Ganze als eines der üblichen Komplimente auf und hat die Angelegenheit nach einiger Zeit längst wieder vergessen, zumal Ketzer inzwischen verstirbt.

Erfüllung eines Wunsches

Eines nachts klingelt bei Peter Kessel das Telefon. Ein ihm unbekannter Graf Wilderich Schall-Riancour aus Ahlen in Westfalen reißt ihn aus seinem Schlaf und lädt ihn ein, an der 3. Malteser-Behinderten-Wallfahrt nach Rom teilzunehmen. Selbstverständlich könne er seine Orgel mitbringen. Wilderich Graf Schall ist Einsatzleiter und einer der Organisatoren dieser Wallfahrt.
Kessel ist wie aus dem Häuschen: "Damit habe ich schon gar nicht mehr gerechnet." Er sagt nicht nur zu, sondern erklärt sich auch spontan bereit, als "Hilfs-Helfer" während der Reise mitzumachen. Mitte Oktober startet der vom Malteser Hilfsdienst gecharterte und mehr als 400 Meter lange Sonderzug "Halleluja-Express" von

Münster aus und fährt mit Zwischenstops in Düsseldorf, Köln und Bonn auf direktem Wege nach Rom. Hierzu einige beeindruckende Zahlen: 17 Eisenbahnwaggons in bester Ausstattung für 830 Mitfahrer, davon 239 Rollstuhlfahrer mit ihrer Begleitung und fast 500 Helferinnen und Helfer des MHD. An Bord sind 12.000 Liter Wasser, 13.000 Tassen, 15.000 Servietten, 4.000 Teller und Löffel, 30 Handfunkgeräte, eine eigene Funkstation und 10 Apothekenkisten mit Medikamenten aller Art.

Das Anliegen der Malteser ist es, den Behinderten eine Wallfahrt nach Rom zu ermöglichen. Für viele ist dies die erste weite Reise überhaupt. Vor allen Dingen aber geht es darum, zu erfahren was es heißt, unterwegs zu sein, zu pilgern, als Fremde einander zu begegnen und als Freunde voneinander zu scheiden.

Peter Kessel steigt in Köln zu und stellt schon bald fest, dass es bei so vielen, zum Teil hilflosen Menschen Arbeit genug gibt. Im übrigen zollt er den Helfern des Malteser Hilfsdienstes ein uneingeschränktes Lob: "Die haben bis zur Erschöpfung geschuftet, um den Leuten zu helfen."

26 Stunden dauert die anstrengende Fahrt, bis der Sonderzug auf dem Bahnhof Rom-Ostiense eintrifft. Hier wartet jedoch nicht nur das MHD-Vorkommando bereits auf die Ankömmlinge. Auch 18 zum Teil umgebaute Autobusse stehen für die Weiterfahrt in die Pilgerhäuser "Domus Mariae" und "Domus Pacis" bereit. Alles ist bestens organisiert.

Unvergessliche Augenblicke

Am Mittwoch, dem 22. Oktober 1986, beginnt der große Tag, der Höhepunkt der Wallfahrt. Auf dem Petersplatz hat sich alles versammelt. Eine strahlende Sonne scheint an diesem Vormittag von einem tiefblauen Himmel.

Plötzlich geht ein Raunen durch die Menge. Der Heilige Vater, Papst Johannes Paul II, kommt in einem Jeep vorgefahren, steigt aus und geht an den Reihen der Behinderten entlang. Er segnet sie, spricht mit dem einen oder anderen und geht dann mit ausgebreiteten Armen auf Peter Kessel zu, der mit seiner Orgel vor dem Portal des Petersdomes steht.

Peter hat sich ursprünglich mit dem Gedanken befasst: Der Papst ist auch nur ein Mensch wie ich. Jetzt aber werden ihm die Knie weich, insbesondere als ihn Weihbischof Dr. Klaus Dick dem Heiligen Vater mit den Worten vorstellt: "Das ist das kölsche Original Orgels-Pitter, der vielen Alten und Kranken mit seinem Leierkasten Frohsinn bereitet."

Johannes Paul II schaut Peter tief in die Augen, reicht ihm die Hand und spricht zu ihm - in Deutsch: "Dafür möchte ich mich herzlich bedanken, auch für ihre wundervolle musikalische Untermalung. Machen sie weiter so. Sie bringen vielen Menschen Freude." Dann segnet er ihn und seine Drehorgel. Unser Pitter, und das ist wohl verständlich, ist zutiefst gerührt. Und dann stimmt er auf seinem Instrument ein Lied an, das er sich eigens für diese Audienz besorgt hat: "Großer Gott, wir loben Dich", das Te Deum.

Papst Johannes Paul II reicht Peter die Hand

Für kurze Zeit ein "Star" in Rom

Peter Kessel müsste nicht der Orgels-Pitter sein, ließe er es bei seinem Aufenthalt in Rom mit diesem Engagement bewenden. Zur Freude der Pilger, aber auch zum Vergnügen der römischen Bürger lässt er bei jeder erdenklichen Möglichkeit seine Orgel erklingen. Immer ist er bemüht, die Menschen "aufzumöbeln". So steht er auch außerhalb des vatikanischen Raumes seinen Mann. Auf einem Platz schmettert er "O sole mio". Auf die Frage eines Passanten: "Du Italiano?" antwortet er fröhlich: "Nä, ich ben der Kölsche Pitter." Und mitten in der Stadt platzt er mit seiner Orgel in ein Geschäftslokal hinein, spielt einige seiner Lieder und löst damit einen wahren Begeisterungssturm aus.

Schließlich, und das ist eine ganz "besondere" Ehrung, verleiht ihm der humorige und lebensnahe Weihbischof Klaus Dick für seinen unermüdlichen Einsatz den Namen "Sankt Orgels-Pitter". - Es hä jitz ne Hellije?

Auf jeden Fall wird sich Peter Kessel an diese Wallfahrt nach Rom und die Begegnung mit Papst Johannes Paul II sein Leben lang mit Freude erinnern. Noch heute ist er dem Malteser Hilfsdienst und dessen Organisatoren von Herzen dankbar dafür, dass sie ihm diese einmalige Reise in die Heilige Stadt ermöglicht haben.

Vor und nach diesem herausragenden Erlebnis gibt es jedoch noch viele andere Dinge, mehr oder weniger spektakulär, die wir aber in der Geschichte über das Leben und Schaffen von Peter Kessel nicht vergessen dürfen.

Ritterschlag

April 1985. Festlicher Ball des "Club Ritter Kölner Kraftfahrer e.V." im Kölner Senats-Hotel. Im Rahmen dieser Veranstaltung schlägt

Polizeidirektor Egon Schultze unseren Pitter mit einem reich verzierten Schwert zum Ritter, genauer gesagt zum "Ritter am Steuer".

Pitter wird zum "Ritter am Steuer" geschlagen

Somit ist er jetzt eines von bis dahin 450 Mitgliedern dieses Clubs, der mit dem ADAC verbunden ist. Diese Aufnahme muss man sich über Jahre hinweg verdienen. Das verlangt nicht nur ein sauberes Konto in der Flensburger Verkehrssünderkartei, sondern auch mindestens 30 Jahre unfallfreies Fahren. Und das hat Kessel geschafft, obwohl er in seinen früheren Berufen als Kraftfahrer im Fernverkehr und als Taxifahrer jeden Tag durchschnittlich über 300 Kilometer zurückgelegt hat. Mit 21 anderen vorbildlichen Autofahrern wird er feierlich in den CRKK aufgenommen. Gleichzeitig erhält er die wohlverdiente Urkunde und eine Ehrenplakette.

Zwei Sänger auf einer Wellenlänge

Heino, der bekannte Barde und Volkslied-König, wird runde 50. Und das muss natürlich gebührend gefeiert werden. Zehn EXPRESS-Lesern, die sich an einem Preisausschreiben beteiligt haben, macht er zu seinem Geburtstag ein unvergessliches Geschenk. Er lädt sie zu einem Frühstück ins Café Cremer in Köln

Heino und Peter Kessel im angeregten Gespräch

ein. Und wer sorgt hier für die musikalische Untermalung? Natürlich unser Orgels-Pitter.

Zwischen Kaffee und Käsebrötchen wird der große Blonde mit der dunklen Brille von seinen Gästen mit Fragen regelrecht gelöchert, unter anderem, warum er sie eingeladen habe. Heinos einfache Antwort: "Geben ist schöner als nehmen." Und damit liegt er auf der gleichen Wellenlänge wie Peter Kessel, mit dem er sich noch lange Zeit unterhält.

Orgels-Pitter singt für Maik allein

Die "Wittener Maitage 1987" haben dem kleinen Maik Mellinghaus aus Witten-Annen Glück gebracht. Auf dem traditionellen Volksfest lernt der körperbehinderte Junge den Kölner Drehorgelmann kennen, der dort seine Lieder vorträgt. Peter Kessel entdeckt den damals neunjährigen Maik mit seinen Eltern im Publikum und erinnert sich heute: "Ich merkte sofort, dass der Junge von meiner Musik begeistert war." Er holt ihn deshalb zu sich und singt an diesem Nachmittag ohne Rast und Pause nur für Maik allein, wie er ausdrücklich betont. Der kleine Wittener ist regelrecht außer sich vor Freude und kann sein Lieblingslied "Drei weiße Tauben" nicht oft genug hören.

Auf Wunsch von Maiks Mutter, Karola Mellinghaus, gibt Peter ihm eine Karte mit seiner Adresse und seinem Musik-Kassetten-Angebot.

Leider muss Frau Mellinghaus bei einem Telefongespräch erfahren, dass es gerade von dem Tauben-Lied keine Aufnahme gibt. Umso schöner ist deshalb die Überraschung: "Am nächsten Tag rief der Orgels-Pitter bei uns an und sagte, er wolle für Maik persönlich eine Kassette mit den Liedern aufnehmen, die er bei den Maitagen für den Jungen gesungen habe."

Gesagt, getan. Schon eine Woche darauf trifft das "musikalische" Päckchen in Witten-Annen ein. "Lieber Maik", tönt Pitters Stimme vom Band, "die folgenden Lieder sind nur für dich gedacht." Und dann klingt das Lied von den drei weißen Tauben durch das Kinderzimmer. Am Ende der Kassette erzählt der kölsche Orgelsmann, dass er seinen jungen Fan gern noch einmal wiedersehen möchte. Seinen Wunsch unterstreicht er musikalisch mit dem Lied "Aber dich gibt's nur einmal für mich".

Ein Jahr später ist Kessel erneut für die "Wittener Maitage" engagiert. Und wieder denkt er an Maik, mit dem ihn inzwischen ein regelmäßiger Briefwechsel verbindet.

Maik besucht die Schule für Körperbehinderte in Langendreer, und für deren Kinder hat sich Pitter eine Überraschung ausgedacht. "Ich habe mir etwa ganz Besonderes einfallen lassen", berichtet er. "Ich weiß, dass Maik in der Schule viel von mir erzählt hat. Also möchte ich, dass der Junge mit seinen Mitschülern zu mir kommt, wenn ich bei den Maitagen singe. Ich denke mir, es muss doch ein tolles Erlebnis für ihn sein, wenn ich ihm sagen kann: ‚Du hast deinen Freunden so viel vom Orgels-Pitter erzählt - nun wollen wir ihnen doch mal zeigen, dass du nicht übertrieben hast.'"

Rund zehn Firmen im Großraum Köln hat Peter Kessel um Werbegeschenke für die behinderten Kinder gebeten. Mehr als 150 Bälle, Mützen, Spielautos und sonstiges Spielzeug sind auf diese Weise zusammengekommen. Und die möchte er an die Schüler verteilen. Leider gibt es zunächst noch ein kleines Problem. Die Schulleitung sieht sich an diesem schulfreien Samstag nicht in der Lage, die Kinder mit Schulbussen zu Hause abzuholen und nach Witten zu fahren. Dank der Eigeninitiative von Maiks Mutter und anderen Eltern treffen jedoch schließlich so viele an dem Standplatz von Orgels-Pitter ein, dass dieser seine Geschenke in kürzester Zeit verteilen kann. Eine Riesenfreude für die Kinder und speziell für Maik Mellinghaus. Wenden wir uns nun aber wieder einem kölschen Thema zu, über das wir bereits einiges erfahren haben.

Wer will, der darf

Wer alles hat nicht schon auf Pitters Orgel gespielt? Im Maritim-Hotel ist es Manfred Krug, der beliebte Schauspieler und Fernsehstar. Im Gürzenich sind es Bürgermeister Rolf Bietmann oder Hans Dietrich Genscher, der ehemalige Bundesaußenminister. Des weiteren orgeln der frühere Oberstadtdirektor Kurt Rossa, der unvergessliche Charly Niedieck vom Eilemann-Trio und nicht zuletzt die Ex-Volkskammer-Präsidentin Frau Bergmann-Pohl, die sich bei einer Veranstaltung der CDU im Kolpinghaus International Kessels grauen Zylinder aufsetzt und kräftig die Kurbel dreht.

Orgels-Pitter
und der kölsche Fasteleer

Als Peter Kessel, wie bereits erwähnt, von Alt-Oberbürgermeister Norbert Burger im Kölner Rathaus für seinen sozialen Einsatz gewürdigt wird, sagt er unter anderem einen bedeutungsvollen Satz: "Zwischen mir und den übrigen Straßendrehorgelmännern gibt es einen ziemlichen Unterschied. Ich verstehe mich in erster Linie als Karnevalist." Und das ist er ja von Jugend an. Neben seinen übrigen Auftritten hängt er mit ganzem Herzen am kölschen Fasteleer.

Und hier sind einige, die mit Pitter georgelt haben

Manfred Krug dreht den Schwengel

Rolf Bietmann und Pitter strahlen um die Wette

In fröhlicher Laune mit Charly Niedieck

Norbert Blüm orgelt ebenfalls

Kurt Rossa und Orgels-Pitter

Auch Hans Dietrich Genscher spielt mit

In den Foyers der großen Säle bei Veranstaltungen des Festkomitees und fast aller Kölner Karnevalsgesellschaften ist Orgels-Pitter mit seinem ansprechenden Vortrag ein fester Bestandteil. "Im Handumdrehen" stimmt er die Jecken mit seiner Orgel auf die Sitzungen ein.

Kölsche Orden und Ehrenzeichen

Bald schon ist Orgels-Pitter auch im Karneval stadtbekannt. Bei der Elften-im-Elften-Feier 1984 der Kölner Karnevalsgesellschaft "Schnüsse Tring e.V. 1901" holt ihn der damalige Präsident, Heinz Thiebes, auf die Bühne, ernennt ihn zum Ehrenmitglied und überreicht ihm die Ehrenmütze sowie eine Urkunde aufgrund der Verdienste um das Wohl der Gesellschaft.

Zwei Monate später verleiht ihm die "Kölsche Narren Gilde" unter Präsident Hans-Horst Engels, dem heutigen Präsidenten des Festkomitees Kölner Karneval, in Anerkennung besonderer Verdienste

Pitter wird Ehrenmitglied der K.G. "Schnüsse Tring".
An der Orgel: Präsident Heinz Thiebes

Hans-Horst Engels verleiht Peter die Ehrenmütze der K.G. "Kölsche Narren Gilde"

um die Gesellschaft die Würde eines Ehrensenators. Er betont, die Mitgliedschaft Peter Kessels sei für die "Kölsche Narren Gilde" eine Ehre, und wünscht ihm weiterhin viel Erfolg sowie auf seiner Orgel immer ein "volles Döschen" zum Wohle hilfsbedürftiger Menschen.

Und es geht weiter. Beim Stammtisch "Kölsche Tünnesse von 1972" aus Köln-Zollstock wird Orgels-Pitter Ehrenmitglied. Aber dann kommt wieder etwas Besonderes: Die "Große Allgemeine Karnevalsgesellschaft von 1900 Köln e.V." unter Präsident Georg Brecher überreicht ihm im vollbesetzten Sartory-Festsaal in Würdigung seiner großen Verdienste um den Kölner Karneval und seine hervorragende soziale Einstellung eine Ehrenurkunde und den Orden "Für dat äch Kölsche Hätz". Diese hohe Auszeichnung haben neben

Pitter freut sich über den Orden "Für dat äch Kölsche Hätz". Rechts: Georg Brecher

anderen bekannten Persönlichkeiten bereits Willy Millowitsch, Norbert Burger und Ralf Bernd Assenmacher erhalten.

Verleihung des Verdienstordens in Gold und des "Kölner Bauer in Zinn".
von links: Walter Winkler, Hans Dilly, Fritz Welter, Peter Kessel und Rudi Herrmann

Aber es kommt noch besser

Im Januar 1989 veranstaltet die Kreisgruppe Köln des Deutschen Paritätischen Wohlfahrtsverbandes eine große Sitzung für ältere Mitglieder. Peter Kessel wird eingeladen, auf die Bühne gebeten und steht dort auf einmal, für ihn ganz unerwartet, in einem regelrechten "Präsidenten-Reigen" dieser damaligen Karnevals-Session. Sitzungspräsident Walter Winkler, der Festkomitee-Präsident Rudi Herrmann, Fritz Welter, der Präsident der "Kölner Ratsbrüder" sowie Georg Brecher, der Präsident der "Großen Allgemeinen" empfangen und begrüßen ihn gemeinsam auf dem närrischen Podium. Und dann kommt der Höhepunkt. Herrmann verleiht ihm nach einer herrlichen Laudatio den Verdienstorden in Gold des Festkomitees Kölner Karneval. Anschließend erhält er von Fritz Welter den "Kölner Bauer in Zinn gegossen", eine ebenfalls sehr wertvolle Auszeichnung. Orgels-Pitter strahlt. Und ein paar Tage später stellt der Kölner Wochenspiegel in seiner Ausgabe vom 25. Januar die Frage: "Hat er nicht auch die Willi-Ostermann-Medaille verdient?" Eigentlich hätte er es.

In den nachfolgenden Jahren reihen sich Orden an Orden, Urkunden an Urkunden und Ehrungen an Ehrungen, so dass wir sie gar nicht alle aufzeichnen können. Wollen wir deshalb nur noch ein paar wenige

herausgreifen, um das Gesamtbild zu vervollständigen.

Im November 1993 wird Peter Kessel "in Würdigung der Verdienste für unsere Gesellschaft" von der Deutzer Karnevalsgesellschaft "Schäl Sick vun 1952 e.V." durch deren Präsident Karl-Heinz Schmalzgrüber zum Ehrenmitglied ernannt.

Am 11. 12. 1994 erhält Orgels-Pitter von der Werbegemeinschaft Aegidienberg eine Urkunde für "gehaltene Treue bei über 15 Jahren Orgel-Weihnachtsmusik".

Bei einer Sitzung der Stammtisch-Gesellschaft "Lück us dem Veedel, (Mauritiusveedel) von 1984" im Januar 1997 verleiht ihm der 1. Vorsitzende Erich Jonen-Redzich die Ehrenmitgliedschaft mit den Worten: "Hä es einer vun uns!"

Die BILD - Zeitung schreibt am 24. Januar 1998: "Wer kennt ihn nicht, Orgels-Pitter alias Peter Kessel? Ein kölsches Original, aus dem Fasteleer nicht mehr wegzudenken. Vor der Sitzung, in der Pause, keiner sorgt im Foyer für so viel Stimmung wie er. Ein echter Jeck, immer mittendrin, immer gut gelaunt. Dafür den BILD-Sessionsorden 1998!"

Schließlich noch, am 2. September 1999, erhält Pitter eine Ernennungsurkunde zur Ehrenmitgliedschaft bei dem Musik-Korps der "Fidelen Holzwürmer e.V." die ihm vom "Oberholzwurm" Rudolf Rook überrreicht wird.

Peter und Peter

Wer kennt sie nicht, die Bläck Fööss, die wohl bekannteste Kölner Gesangsgruppe der Nachkriegszeit. Der Brauchtumsforscher Reinold Louis schreibt dazu in seinem Buch "Kölnischer Liederschatz" unter anderem: "Von allen Dialekt-Gruppen sind die Bläck Fööss die einzigen, die es sich zur Aufgabe gemacht haben, in ihren Liedern ein Mosaikbild ihrer Stadt darzustellen."

Nach vielen Tonträgern mit ihren heute schon regelrechten Evergreens produzieren die Fööss im Jahr 1988 ein Album mit zwei großen Langspielplatten unter dem Titel "Was habst du in die Sack?". Hierbei handelt es sich um Lieder und Texte zur Stadtgeschichte. Viele Werke alter Autoren werden musikalisch umgesetzt, zum Beispiel die Geschichte vom Feschers Köbes oder die Schlacht von Worringen bis hin zur Sage von Richmodis von Aducht.

Unter anderem haben sie auch einen Text von Joseph Roesberg ausgewählt, einem kölschen Poeten, der Mitte des vorletzten Jahrhunderts "voll gesunden Humors und treffenden Witzes von jedem Kölner, der ein echtes Herz für Volkspoesie hat, mit großer und herzlicher Freude aufgenommen wurde."

So die Worte von Reinold Louis. Roesbergs Gedicht "Kölle noh 100 Johr" wird nun von den Bläck Fööss vertont. Mit der ganzen Gruppe wäre dieses Lied jedoch nicht so eindrucksvoll wie nur mit einem Solisten und einer etwas altertümlichen Begleitung. Also

Peter Schütten und Peter Kessel

übernimmt Peter Schütten, der Bass-Bariton mit der warmen, wohlklingenden Stimme den Gesangspart und holt sich Orgels-Pitter mit seiner Orgel zur musikalischen Unterstützung. Unter der Regie von Reiner Hömig und Ralph Gusovius wird der Titel im April 1988 im Bläck-Fööss-Studio eingespielt, nur mit Drehorgel und Gesang, und wird auf diese Weise zu einer schönen Bereicherung des "historischen" Albums.

Peter und Peter (Schütten und Kessel) haben bei dieser Aufnahme einen Riesenspaß, an den unser Pitter auch heute noch gerne zurückdenkt. Sein Orgelspiel ist somit auch in dem Gesamtwerk der Bläck Fööss verewigt, und manchmal sagt er deshalb mit etwas Stolz: "Ich han och ald bei de Fööss metjespillt."

Und noch ein musikalisches Intermezzo

Ein Mann, der Peter Kessel anfangs bei seinem karnevalistischen Werdegang sehr unterstützt hat und ihm mit Rat und Tat zur Seite stand, ist der Musik-Verleger Ralph Tonius alias Kurt Jansen. Zusammen mit dem Komponisten und Arrangeur Gerd Wellnitz schreibt er unter anderem das Lied "Uns kölsche Orijinale", welches 1988 mit Orgels-Pitter und seiner Drehorgel produziert und auf einer Single-Schallplatte veröffentlicht wird.

"Mer kennen se all, uns kölsche Orjenale", singt Peter Kessel auf dieser Scheibe. Ob "Bullewuh", "Et Bolze Lott" oder der "Dokter Schabaudewing", alle beschreibt er in diesem Lied. Während ältere Jahrgänge meist ohne Probleme einstimmen können, fehlen dem kölschen Nachwuchs jedoch nicht selten die Worte. Dabei ist allerdings nicht mangelndes Interesse, sondern eher ein Mangel an ansprechendem Anschauungsmaterial zu beklagen. Und hier versucht nun die "Akademie för uns kölsche Sproch", eine Kulturstiftung der Stadtsparkasse Köln, ein paar Jahre später Abhilfe zu schaffen. Im Dezember 1992 erscheint ein Klapp-Bilderbuch mit dem Titel "Uns kölsche Orjenale", in dem die zwölf bekanntesten Originale in Bild und Text porträtiert werden. Volker Gröbe, der damalige Leiter der Akademie und gleichzeitig Mitautor, bringt es auf den Punkt: "Wie künne mer de Pänz su jet besser beibrenge, als wenn de Pänz och Freud dobei han?" Freude ist allerdings auch garantiert, allein schon wegen der schönen bunten Charakterstudien von Dietmar Asbach. Jeder Zeichnung ist eine Vita auf Hochdeutsch zur Seite gestellt, und schließlich hat Mundartdichterin Gaby Amm zu jedem Original noch ein kölsches Verslein geschmiedet.

Was liegt näher, als zur Präsentation dieses Buches jemanden einzuladen, der jetzt schon zu Lebzeiten als kölsches Original bekannt ist, nämlich unseren Orgels-Pitter. Und so dreht Peter zur Freude der Anwesenden eifrig die Kurbel seines Leierkastens, singt seine Lieder und lässt dabei fröhlich die alten kauzigen Typen wieder aufleben, die er als ein "Stöck vum ahle Kölle" bezeichnet.

Aber auch schon ein paar Monate vorher befasst sich die "Kölsch-Akademie" mit diesem Thema. Im April veranstaltet sie im Kölnischen Stadtmuseum einen illustren Abend unter dem Motto: "Och hückzodaachs jit et noch Orjenale". Volker Gröbe erläutert in seiner Ansprache, dass nicht jeder Krätzjesmächer oder Karnevalsjeck gleich ein Original sei. "Enä", sagt er, "e Orjenal es einer, dä ussem Hätze erus singe orjenelle Charakter usläv un nit för der schnöde Mammon sing Sprijitzjer zelebreet."

Das ist wirklich eine wahre Aussage, die speziell auf Orgels-Pitter zutrifft, der ebenfalls im Rahmen dieses Programms auftritt und unter anderem mit seiner Drehorgel Moritaten über Köln vorträgt, die er wie in alten Zeiten mit seinen Bildtafeln illustriert. Aufmerksam folgt das Publi-kum seinen Geschichten und singt stellenweise kräftig mit. Und manch einem wird dabei klar: Der macht das tatsächlich aus ganzem Herzen und nicht nur fürs Geld. Gröbes Worte finden somit ihre Bestätigung.

Eimol Prinz zo sin

Dieses Lied, das gemeinsam mit Dieter Steudter (Drei Colonias) komponiert und getextet wurde, hebt Wilfried (Wicky) Junggeburth, der "singende Prinz" von 1993, zusammen mit seinen Trifoliumskollegen "Jungfrau" Arthur Tybussek und "Bauer" Karl Petry aus der Taufe. Es wird sofort ein Ohrwurm im kölschen Fasteleer. Auch Peter Kessel kriecht dieser musikalische Wurm direkt ins Ohr. Und schon kurz darauf hat er einen seiner manchmal wirklich verblüffenden Einfälle. Er lässt sich eine große farbenfreudige Moritaten-Tafel malen, auf der das Dreigestirn neben anderen jecken Figuren fast naturgetreu abgebildet ist. Gleichzeitig lässt er das Prinzenlied auf eigene Kosten für seine Orgel programmieren. Ein nicht ganz billiges Vergnügen, denn die heutigen, zwar immer noch altertümlich aussehenden Leierkästen haben in der Regel nicht mehr die früher gebräuchlichen gestanzten Walzen, sondern meist schon ein ganz modernes elektronisches Innenleben. Und das hat verständlicherweise seinen Preis. - Orgels-Pitter ist also für die Session, die unter dem Motto "Sinfonie in Doll" steht, bestens gewappnet. Und hierzu

"Eimol Prinz zo sin". Pitter demonstriert dem Dreigestirn 1993 das Lied auf seiner Bildtafel

lassen wir jetzt Prinz Wicky mit einem kleinen Anekdötchen zu Wort kommen:
"Den Orgels-Pitter kenne ich eigentlich erst persönlich seit meiner Zeit im Dreigestirn 1993, in der wir natürlich viele Begegnungen in bzw. vor den verschiedensten Sitzungssälen mit ihm hatten. Zu Beginn der Session wurden wir von ihm immer wieder auf eine besondere Überrraschung vorbereitet, die er uns zukommen lassen wollte. Man sah es seinem Gesicht an; er war selbst so gespannt, dass er beinahe platzte. Er wollte ja vorher nichts verraten, was ihm sichtlich schwer fiel. Dann kam der große Tag. Wir kamen ins Foyer der Sartory-Säle, und Pitter bat uns zur Seite. Dort sahen wir zunächst ein äußerst liebevoll gestaltetes Gemälde über uns (das Dreigestirn 1993) mit verschiedenen Szenen. Er stellte uns dann parat neben seine Orgel.

Jetz jing dat Spillche loss. Mit einem langen Stab zeigte er auf die einzelnen Episoden seiner Bildtafel, drehte dabei mit der anderen Hand sing Orgel und sang dazu inbrünstig ‚Eimol Prinz zo sin'. Er hat dieses Lied sozusagen auf seinem Gemälde illustriert. Es war ergreifend.

Vor allem aber die ganze Type Peter Kessel, der für seine Heimatstadt Köln und für den kölschen Fasteleer lebt, hat mich sehr beeindruckt. Und dann noch dieses strahlende Lachen mit den kleinen feuchten Augen, die bei ihm immer wieder zeigen ‚Geben ist schöner als nehmen' haben mich nachhaltig begeistert. Wat för ene Minsch!"

Unverhofftes Klassentreffen

In Porz und Umgebung gibt es immer noch eine ganze Reihe von Leuten, die einst mit Peter Kessel in die Schule gegangen sind und mit ihm sogar in der gleichen Klasse waren. Sie sind zwar keine großen Berühmtheiten geworden, haben aber zum Teil beträchtliches Vermögen, Häuser und Grundstücke erworben oder von ihren Eltern, dem alten Bauernadel, geerbt. Alle zwei Jahre treffen sie sich, die ehe-

Pitter mit Kapitän Hein Keller von der "Köln-Düsseldorfer"

maligen Jungen und Mädchen, aus denen inzwischen gestandene Männer und Frauen geworden sind.

Anfangs ist Pitter auch meistens dabei, sondert sich dann aber ein wenig ab, nachdem ihn seine Musik und seine Auftritte immer mehr in Anspruch nehmen. Er hat nur noch geringen Kontakt zu seinen "alten Kameraden", mit denen er eigentlich groß geworden ist. Heute weiß er kaum noch, was der eine oder andere macht.

Seit einigen Jahren hat Orgels-Pitter einen Vertrag mit der "Köln-Düsseldorfer", auf deren Ausflugsschiffen er meistens montags und freitags die Passagiere mit rheinischen Liedern und Orgelklängen unterhält. Eines Tages haben seine ehemaligen Mitschüler ohne sein Wissen eine Rheinfahrt mit der "KD" arrangiert, was ihm, als er in Köln an Bord geht, irgendjemand "hintenherum" zuträgt.

An der Anlegestelle in Porz sieht er, wie neben anderen auch etwa 20 Leute aus seiner ehemaligen Klasse den Dampfer besteigen. Schnell versteckt er sich, um nicht bemerkt zu werden. Und dann geht er zum Kapitän des Schiffes, schildert ihm die Sachlage und fragt ihn, ob er mal das Bordmikrofon benutzen dürfe. Der Käpten lacht, gibt seine Einwilligung, und schon begrüßt Pitter über die Anlage mit launigen Worten die Gäste und vor allen Dingen seine alten Klassenkameraden aus Porz-Eil.

Die sind zunächst völlig perplex, dann fangen sie regelrecht an zu johlen, und kurz darauf wird Orgels-Pitter in ihrer Runde von allen Seiten herzlich umarmt und jubelnd willkommen geheißen. Was dann folgt ist eine feucht-fröhliche Rheintour, und für Peter ein einmalig schönes und unvorhergesehenes Klassentreffen mit seinen früheren Schulfreunden.

Familiäre Probleme und Trennung

Jeden Tag kann man in der Boulevardpresse, in Magazinen und Illustrierten und sogar in seriösen Zeitungen lesen, dass sich schon wieder ein prominentes Paar aus meist nichtigen Gründen getrennt hat. Die größten Medienstars, hohe Politiker und selbst regierende Staatsmänner sind hiervon nicht ausgeschlossen. Man kommt einfach mit dem Leben, oder besser gesagt, mit dem Miteinanderleben nicht mehr zurecht, sei es wegen unterschiedlicher Interessen, wegen beruflicher Überlastung, wegen neuer Partner oder gar um des lieben Geldes willen.

Leider gerät auch Peter Kessel Mitte des vergangenen Jahrzehnts in diese missliche Situation. Durch die zahllosen Auftritte im Karneval und während des ganzen Jahres, durch die damit verbundene Hektik, die Arbeit und den ständigen Stress kommt es jetzt immer wieder zu Streitigkeiten mit seiner Frau Anny. Man hat sich regelrecht auseinander gelebt, weshalb beide schließlich die Konsequenzen ziehen und sich nach über 35 Jahren Ehe trennen.

Peter fällt dieser Entschluss wirklich nicht leicht, aber er sieht keinen anderen Ausweg mehr. Er zieht aus dem gemeinsamen Haus aus und findet ein neues Domizil in der Bochumer Straße in Porz-Eil, in einer schönen Wohnung, wo er sich nunmehr gemütlich einrichtet und bis heute lebt.

Neue Liebe, neues Glück

Es ist das Jahr 1998. Peter Kessel fühlt sich mittlerweile in seiner neuen Umgebung wohl und führt das Leben eines seriösen älteren "Junggesellen". Mit den übrigen Hausbewohnern versteht er sich blendend, vor allem mit seiner Nachbarin Doris Feltes, einer herzensguten, hilfsbereiten Person, die ihm auch schon mal unter die Arme greift, wenn es mit dem Wäschewaschen oder dem Hemdenbügeln nicht so ganz klappen will.

Zur gleichen Zeit wohnt in Eschmar, unweit von Troisdorf, eine nette, lebenslustige Frau von 52 Jahren, Antje Wriedt, die in Berlin geboren, in Niedersachsen groß geworden und schließlich nach einigen Umwegen über Trier und Buschhoven bei Bonn in den Troisdorfer Raum verschlagen wurde. Antje Wriedt ist geschieden, hat zwei erwachsene Töchter, Marion und Pia, und drei Enkelkinder, die alle mit ihr in der gleichen Straße in Eschmar wohnen. Trotzdem fühlt sie sich manchmal ein wenig einsam. Sie möchte gerne einen neuen Menschen kennen lernen, mit dem sie ihre Freizeit verbringen, tanzen gehen oder mal gemeinsam in Urlaub fahren kann.

Eines Tages sagt ihre Tochter Pia zu ihr: "Mutti, so geht das mit dir nicht weiter. Du musst mal wieder jemand haben, mit dem du ausgehen kannst. Ich setze für dich einfach 'ne Anzeige in die Zeitung."

Gesagt, getan. Anfang Juni erscheint in dem Wochenblatt "Annonce" unter der Rubrik "Sie sucht ihn" folgendes Inserat:

"Wenn du die Reife eines 60jährigen,
das Äußere eines 50jährigen,
die Spontaneität eines 40jährigen,
das Tanzbein eines 30jährigen und
die Reiselust eines 20jährigen hast,

können wir bestimmt viel zusammen unternehmen. Also melde dich bitte mit Foto bei 52jähriger unternehmungslustiger Troisdorferin." Doris Feltes, Kessels vertraute Nachbarin, liest rein zufällig diese Anzeige und denkt sich, das wäre doch etwas für den Pitter. Ohne sein Wissen schreibt sie deshalb in seinem Namen einen Brief und fügt eine von Peters Autogrammkarten bei. Kurze Zeit später klingelt bei ihm das Telefon. Eine Frauenstimme bedankt sich herzlich für die

Antwort - und unser Peter ist regelrecht verdutzt. "Ich hab auf eine Annonce geantwortet? Nein!" Darauf wieder die Frauenstimme: "Aber ich habe doch ihr Bild hier, ihre Adresse und ihre Telefonnummer!". "Ja", meint er, "das gibts doch gar nicht. Was machen wir denn jetzt?" Aber innerlich ist Peters Interesse schon geweckt, und man verabredet letztendlich ein Treffen für den 7. Juli in Eil. Doris Feltes gesteht im Nachhinein ihre Intervention, über die unser Pitter im Grunde genommen noch nicht einmal böse ist.

Dann kommt der entscheidende Tag. Peter steht zur vereinbarten Zeit vor der Haustür, ein Auto mit einem SU-Kennzeichen fährt auf den Parkplatz, und er fühlt direkt: Das ist sie. Eine Dame steigt aus, begrüßt ihn ganz schlicht "Ich bin die Antje", und er antwortet ebenso unkompliziert: "Und ich bin der Neue."

Peter Kessel führt Antje Wriedt zu seiner Wohnung und bittet sie in der Diele ganz überraschend, die Augen für einen kurzen Moment zu schließen. Antje ist zwar etwas verwundert, aber sie tut es. Und als sie nach ein paar Sekunden die Augen wieder öffnet, überreicht ihr Peter eine rote Rose mit den Worten: "Herzlich Willkommen!" Im Wohnzimmer ist der Kaffeetisch gedeckt, und in den nächsten Stunden erzählt jeder von sich und seinem bisherigen Leben. Beide finden sich auf Anhieb sympathisch, weshalb man anschließend nach Sieglar fährt, um dort beim "Chinesen" zu Abend zu essen. Und dann wird Peter regelrecht "rumgereicht", das heißt, den in der Nähe

Peter und seine neue Lebensgefährtin Antje Wriedt

wohnenden Töchtern Marion und Pia vorgestellt, die von Antjes neuem Bekannten auf den ersten Blick begeistert sind. Auch die Enkelkinder kommen sofort auf ihn zu, als würden sie ihn schon ewig kennen. In den nachfolgenden Wochen und Monaten besucht man sich gegenseitig, die Beziehung vertieft sich, und schließlich sind beide ganz einfach ineinander verliebt. Und da für Peter Kessel die gerichtlich vorgeschriebene Trennungsfrist von seiner Frau verstrichen ist, kann Antje Wriedt ein Jahr später problemlos zu ihm nach Porz ziehen. Pitter hat eine neue Lebensgefährtin gefunden und ist nach langer enthaltsamer Zeit wieder richtig glücklich.

Gemeinsame Interessen

Bei ihrer ersten Begegnung ist der Name "Orgels-Pitter" für Antje kein Begriff. Sie kennt sich aber bereits im karnevalistischen Treiben ein wenig aus, da sie selbst schon, zuerst in ihrem früheren Wohnort Meine zwischen Braunschweig und Gifhorn in Niedersachsen und später in Buschhoven bei Bonn, im Karneval als Büttenrednerin auf der Bühne gestanden hat. In Buschhoven war sie sogar Mitglied in der dortigen Fastelovendstanzgruppe. Und wie es der Zufall will, bringt sie zudem noch eine alte Drehorgel ihres Großvaters in die Gemeinschaft mit ein. Dieses Erbstück, das im Keller ihrer Mutter stand, wird schnellstens restauriert und ist jetzt wieder voll funktionstüchtig.
Antjes Töchter Marion und Pia haben inzwischen großen Spaß an Peters Arbeit und lernen nun auch das Orgeldrehen, damit er all seinen Verpflichtungen nachkommen kann. Einige Gesellschaften sagen ihm heute schon scherzhaft: "Pitter, do bruchs jar nit mih selvs ze kumme. Scheck uns ding neue Döchter, die sin e bessje jünger und schöner als do!" Für Peter Kessel klingt das jedoch wie ein Kompliment und wie ein Beweis dafür, dass er mit seiner neuen "Familie" die richtige Wahl getroffen hat

Singen, auch mal wieder ohne Orgel

Nach diesem Neubeginn erinnert sich Peter Kessel immer öfter an seine Anfangsjahre, in denen er noch keine Orgel besaß. Wäre es nicht wieder schön, ohne das etwas kompakte "Anhängsel", wie beispielsweise damals als "Singender Fernfahrer", noch einmal solo auf der Bühne zu stehen?

Ende des Jahres 1998 trifft er auf einer Veranstaltung im Foyer der Sartory-Säle zufällig mit Ewald Fischer, einem alten Karnevalskollegen zusammen, den er schon seit längerem locker kennt. Dieser schreibt unter anderem kölsche Lieder, und so ist es nicht verwunderlich, dass man schnell über die gemeinsamen musikalischen Interessen ins Gespräch kommt. Wenig später schickt Fischer ihm eine kleine Musik-Kassette mit einigen seiner Sachen.

Peter, stets für neue Dinge offen, ist an den flotten Rhythmen und eingängigen Texten interessiert. Man setzt sich also zusammen und es wird die Idee geboren, für die Session 1999/2000 eine CD mit dem Titel "Orgels-Pitter 2000" produzieren zu lassen, auf der Peter einige der angebotenen Lieder singen will, und zwar ohne Orgel.

Vorerst müssen aber die Planungen etwas zurücktreten; die karnevalistische Hoch-Zeit hat begonnen. Pitter muss seinen Verpflichtungen nachkommen, steht vor Beginn der Sitzungen im Foyer der Säle und dreht, wie schon immer, zum Vergnügen der auf Einlass wartenden Gäste den Schwengel seiner Orgel. Die Lieder klingen wie eh und je fröhlich aus den wohlklingenden Pfeifen seines Instruments: "Es war einmal ein treuer Husar", "Am Dom zo Kölle" und viele andere mehr. Bloß der Orgelsmann selbst sieht, wenn man ihn genau kennt, gegen Ende der Session nicht mehr so fröhlich aus wie bisher, auch wenn er versucht, dies hinter einem Lächeln zu verstecken. Spürt er etwas Besonderes auf sich zukommen? Hat der sensible Mann ein ungutes Gefühl, was seine nahe Zukunft betrifft? Und dann, wenig später, werden seine Vorahnungen leider Wirklichkeit.

Anfang eines schlechten Tages

Es ist Weiberfastnacht, der 11. Februar 1999, der Tag an dem in ganz Köln und Umgebung der Straßenkarneval eröffnet wird. Nur noch ganz kurze Zeit, dann haben die "Tollen Tage" ihren Höhepunkt erreicht. Schon jetzt, am Wieverfastelovend, ziehen tausende von fröhlichen, bunt maskierten Menschen durch die Stadt zum Altermarkt, um dort mit dem Dreigestirn und zahlreichen bekannten Sängern und Musikgruppen zu feiern. Auch auf vielen anderen Plätzen treffen sich die Jecken unter freiem Himmel mit Karnevalsgesellschaften und Vereinen zur Eröffnung des närrischen Treibens. In den Gaststätten und Kneipen herrscht Hochbetrieb. Es wird gesungen, geschunkelt und gelacht bis tief in die Nacht. Der Kölsche will eben, wie schon seit langen Generationen, seinen Spaß haben. Auch Peter Kessel macht sich an diesem Morgen bereit für den ereignisreichen Tag. Aber nicht um zu schunkeln, zu feiern oder sich zu vergnügen. Nein - er muss seinem Beruf nachgehen, als kölsches Original, denn bei verschiedenen Veranstaltungen am heutigen Tag wollen die Leute "ihren" Orgels-Pitter sehen.

Karneval im Krankenhaus, in doppelter Hinsicht

Bezeichnender Weise, ist es Zufall oder ein Omen, hat er seinen ersten Auftritt vormittags kurz nach elf Uhr in einer Krankenanstalt, im Krankenhaus in Sieglar. Mit seiner Orgel zieht er über die einzelnen Stationen, zum aufmunternden und dankbaren Vergnügen der Kranken und Genesenden, die für kurze Zeit ihre Sorgen und ihr Leid vergessen. So manchem hilft er über den trüben Krankenhausalltag hinweg. Wie schön ist doch der

Fasteleer, wenn man ihn in dieser unkonventionellen Weise dargeboten bekommt.

Auf einmal jedoch verspürt Peter heftige und stechende Schmerzen in seiner Bauchgegend. Sie werden immer stärker. Mit letzter Kraft setzt er sich in sein Auto und fährt, am ganzen Leib zitternd, nach Hause. Er hat zwar noch weitere karnevalistische Verpflichtungen, will sie auch unbedingt einhalten, aber er kann nicht mehr. Antje, seine Lebensgefährtin, ruft in ihrer Verzweiflung die Nachbarin Doris Feltes zu Hilfe. Beide sehen dann aber nur noch einen einzigen Ausweg, der Notarzt muss her. Und schon wird der sonst so fröhliche, sich jetzt aber vor Pein krümmende Mann nach einer kurzen Untersuchung unverzüglich ins Porzer Krankenhaus eingeliefert. Endgültige Diagnose der Ärzte: Der Dünndarm ist geplatzt. Der Orgelsmann muss vorerst von seiner geliebten Orgel Abschied nehmen.

Die restlichen Auftritte am Freitag, am Karnevalssamstag und Karnevalssonntag werden von Marion und Pia, den Töchtern von Antje übernommen, die diese Aufgabe mit Bravour lösen. Orgels-Pitter liegt derweil todtraurig und schmerzgeplagt in seinem Krankenhausbett und kann die Höhepunkte der närrischen Session 1999 nur noch im Fernsehen verfolgen. Seine einzigen Gedanken: "Wie kunnt mir sujet bloß passeere - un wiesu jrad jetz?"

Kleiner Trost

Peters Missgeschick hat sich natürlich schnell herumgesprochen. Zu Beginn der großen Festsitzung der Deutzer Karnevalsgesellschaft "Schäl Sick", bei der er bekanntlich Ehrenmitglied ist, wünscht ihm Präsident Karl-Heinz Schmalzgrüber von der Bühne aus mit herzlichen Worten gute Besserung. Selbst Bernd Assenmacher, der am Rosenmontag den Zoch im Fernsehen kommentiert, sendet ihm über den Bildschirm seine besten Genesungswünsche. Peter ist sichtlich bewegt, und seine Bettnachbarn sowie das ihn umsorgende

Krankenhauspersonal freuen sich aufrichtig mit ihm über diese Grüße. Schließlich ist er ja nicht irgendwer. Er ist der Orgels-Pitter, den man kennt und der für viele ein echter Kumpel ist, weil er immer einen fröhlichen Spruch oder einen kleinen Witz auf Lager hat.
Danach folgen für Peter Kessel 23 unsäglich lange Tage voller Ungewissheit über den Stand seines Leidens. Er bekommt kaum zu essen und zu trinken, nur Infusionen und Antibiotika, um zunächst einmal die Entzündung in seinem Darm zu hemmen. Dann wird er endlich operiert, Gottseidank mit Erfolg. Damit ist es aber noch nicht genug. Es dauert noch über vier Wochen, bis der mittlerweile äußerst ungeduldige Patient aus dem Krankenhaus entlassen wird.

Während seines Krankenhausaufenthaltes ist Peter Kessel aber nicht vergessen worden. Außer Antje, die in jeder freien Minute bei ihm ist, wird er von vielen seiner Freunde und Bekannten besucht oder angerufen. So wünscht ihm unter anderem Kurt Görgens, der kölsche Prinz von 1996, ein paar Mal per Telefon gute Besserung, ebenso Ludwig Sebus, bei dem er am Tanzbrunnen so oft auf der Bühne stand. Das Prinzenpaar von Lechenich kommt persönlich vorbei, und Erich Jonen-Redzich, der Präsident der "Lück us dem Veedel", überrascht ihn damit, dass er ihm am Krankenbett den Orden seines Vereins überreicht. Orgels-Pitter fühlt sich deshalb niemals allein. Er freut sich riesig über die Anrufe, die vielen Blumen und die Genesungswünsche, mit denen er reichlich bedacht wird.
Ein kleiner Wermutstropfen trübt allerdings noch bis heute seine Erinnerung an diese Tage im Porzer Krankenhaus. Viele Menschen, die er mehr oder weniger kannte, haben sich um ihn gekümmert. Aber kein einziger von seiner Karnevalistenvereinigung, dem "Klub Kölner Karnevalisten", bei dem er schon seit mehr als zehn Jahren Mitglied ist, hat sich bei ihm gemeldet. In diesem Fall war es also nichts mit dem schönen kölschen Spruch: "Echte Fründe ston zosamme." Eigentlich schade.

Es geht wieder aufwärts

Peter Kessel ist endlich wieder zu Hause, fühlt sich wohl und blüht auf. Aber noch ist nicht aller Tage Abend. Die Ärzte meinen, er muss sich noch etwas erholen, und schicken ihn für fast vier Wochen nach Bad Neuenahr in die Reha, verständlicherweise nicht zur Freude des sich wieder fit fühlenden Mannes. Aber auch diese Zeit steht er tapfer durch und gibt, was mal wieder echt typisch und bezeichnend für ihn ist, einen Tag vor seiner Entlassung ein zweieinhalbstündiges Konzert, wobei er alle Register seiner Orgel und seines Könnens zieht und die Patienten der Reha-Klinik zu wahren Begeisterungsstürmen hinreißt. So was kann und macht nur ein echtes kölsches Original, der Orgels-Pitter.

Pitter es widder jot drop

Erneuter Start zu neuen Dingen

Jetzt, Anfang Mai, wird es aber langsam Zeit, sich wieder mit den Planungen für den Karneval und auch mit der dafür vorgesehenen CD "Orgels-Pitter 2000" zu befassen. Peter Kessel hat hierfür unter anderem zwei Lieder von Fischer ausgesucht, "De Wandertour" und die "Kölnarena", letzteres ein ganz aktuelles Thema, da die Kölnarena erst vor kurzem eröffnet wurde.

Nun ergibt es sich, dass ein alter Bekannter am 15. Mai seinen achtzigsten Geburtstag feiert und hierfür viele Freunde zu seinem Festtag ins "Poller Haus" auf der Siegburger Straße in Köln-Poll einlädt.

Was kann man solch einem älteren Herrn, immer noch in bester geistiger und körperlicher Verfassung, bloß schenken? Blömcher kritt hä jenoch, Böcher und wat et söns noch all för su ene Jebotsdach jitt, hät hä jenoch. Also wird Peter angesprochen, ob er vielleicht bereit wäre, dem Geburtstagskind mit seiner Orgel ein kleines Ständchen zu bringen.

Ohne zu zögern sagt Orgels-Pitter sofort zu, allerdings unter der Bedingung, dann auch seine beiden ausgewählten Lieder als Gesangssolist vortragen zu dürfen. Selbstverständlich ist das kein Problem. Es gibt mittlerweile Playbacks, die der zur Feier engagierte Alleinunterhalter auf seiner Anlage abspielen kann. Und so kommt es zur Uraufführung der "Wandertour" und der "Kölnarena", von Peter Kessel schon richtig gekonnt gesungen.

Die Geburtstagsrunde ist begeistert und lässt ihn erst nach mehreren Zugaben vom Podium. Und das ist der eigentliche Beginn von Kessels neuer Solo-Gesangskarriere.

Sessionsvorbereitungen

Bis zu Beginn der Karnevalssession sind es zwar noch ein paar Monate, aber die Vorbereitungen für neue CDs und die Produktionen beginnen meist schon Ende des Frühjahrs. Durch seine Krankheit liegt Orgels-Pitter um Wochen zurück. Inzwischen hat er sich mit Klaus Löhmer, einem bekannten Musikverleger und Produzenten in Verbindung gesetzt, mit dem er schon seit längerem befreundet ist. Löhmer erklärt sich bereit, die "Wandertour" mit Kessel zu produzieren.

Die Zeit vergeht. Peter Kessel wird ungeduldig, zumal er mit seinen Liedern auf dem Vorstellabend seiner Karnevalistenvereinigung, dem K.K.K. "Klub Kölner Karnevalisten" auftreten möchte. Gleichzeitig will er sich für die bekannte WDR-Fernsehsendung "Närrische Hitparade" bewerben. Auf eigene Faust und eigene Kosten lässt er sich deshalb

Titelbild der ersten eigenen Maxi-CD von Orgels-Pitter

Arrangements und Noten für seine beiden neuen Titel schreiben. Jede freie Minute nimmt er wahr, um die Lieder einzustudieren, trägt sie anschließend auf verschiedenen Veranstaltungen vor und stellt zu seiner Freude fest, dass seine Arbeit nicht umsonst ist. Sein neuer Stil kommt an.

Und noch eine Botschaft macht ihn froh. Nachdem er sich für die "Hitparade" beim WDR beworben hat, erhält er am 29. Oktober die Bestätigung, dass er am 28. Januar 2000 mit der "Wandertour" dabei ist. Pitter ist glücklich.

Anders ist es bei seiner Karnevalistenvereinigung. Er besteht zwar mit Erfolg und besser als mancher andere die so genannten Vorvorstellabende des K.K.K. in der Gaststätte "Beim Jan" in der Thieboldsgasse, im Bürgerhaus in Troisdorf und im Liebfrauenhaus in Köln-Mülheim, wird jedoch nicht für die beiden endgültigen Vorstellnachmittage des "Klub Kölner Karnevalisten" im Sartory ausgewählt.

Pitter ist ziemlich enttäuscht, will sich aber nicht unterkriegen lassen und seine neuen Lieder auf jeden Fall auf den Markt bringen. Er geht deshalb hin und lässt in eigener Regie eine Maxi-CD produzieren, die schließlich Anfang Januar 2000 auf den Markt kommt. Der Produzent Klaus Löhmer sorgt zur gleichen Zeit dafür, dass die "Wandertour" auf dem CD-Sampler "Kölsche Tön Nr.7" erscheint.

Verdienter Lohn für gute Taten

Vorher aber hat Peter noch ein wirklich eindrucksvolles Erlebnis. Auf Grund seiner bereits vielfach erwähnten besonderen Verdienste für wohltätige Zwecke und für sein wirklich einmaliges Engagement, nicht nur in Altersheimen, sozialen Institutionen und Organisationen, verleiht ihm am 6. Dezember 1999 der leider viel zu früh verstorbene Oberbürgermeister der Stadt Köln, Harry Blum, im Historischen Rathaus die Verdienstmedaille des Verdienstordens der Bundesrepublik Deutschland.

Peter Kessel (l.). Hinten in der Mitte der verstorbene Oberbürgermeister Harry Blum

Im Laufe der Jahre, und das ist wohl einmalig in unserer Vaterstadt, hat ein einzelner Drehorgelmann fast 250.000 (zweihundertfünfzigtausend) Mark bei seinen Auftritten gesammelt und als Spenden an Bedürftige weitergegeben. Die Verleihung ist deshalb ein Ereignis, welches Kessel, wie zum Beispiel die Papst-Audienz, nie vergessen wird. Aber trotzdem bleibt er bescheiden. Orgels-Pitter ist eben Orgels-Pitter, ein Mensch, der nicht nur ans Geld und an sich denkt, sondern auch andere an seiner Lebensfreude und an seinen Erfolgen teilhaben lässt.

Nicht immer scheint die Sonne

Das ist auch der Grund, weshalb ihn die "Kölsche Narren Gilde" Anfang Januar 2000 zu ihrem traditionellen Hämmchenessen einlädt, um ihm eine weitere spezielle Ehrung zuteil werden zu lassen. Doch was darauf folgt, ist nicht gerade schön. Am 8. Januar erscheint in der Boulevardzeitung EXPRESS ein fast halbseitiger Artikel mit einem großen Bild von Peter Kessel und der fetten Überschrift "Die Pannen-Gilde. Peinlicher Herrenkommers in der Flora". Der verantwortliche Redakteur Detlev Schmidt schreibt dazu folgenden Text:
"Orgels-Pitter wurde auf die Bühne geholt. Der hatte zwar nichts gestiftet, sollte aber geehrt werden. Und wollte unbedingt etwas zum Besten geben. Nach den üblichen Tränchen der Rührung folgte ein überlauter Auftritt, der die Gäste in Scharen aus dem Saal jagte. Wolfgang Kestermann zog die Notbremse und Pitter von der Bühne. Der protestierte heftigst hinger dr Britz - doch vergebens. Nä, dat wor wirklich nix."
Peter Kessel ist tief getroffen. Jetzt kommen ihm wirklich die Tränen, aber nicht vor Rührung, sondern vor Wut. Er setzt alle Hebel in Bewegung, um sich gegen diese Veröffentlichung zu wehren. Der Schreiber dieses Pamphlets ist jedoch für eine Stellungnahme oder gar für eine Entschuldigung nicht zu erreichen.
Anders hingegen reagiert Wolfgang Kestermann, der Präsident der betroffenen Gesellschaft. In einem Fax an Peter Kessel drückt er seine Empörung aus und bezeichnet den EXPRESS-Artikel als eine Zusammenstellung von Unwahrheiten. Gleichzeitig bedankt er sich bei Peter noch einmal für dessen nun schon jahrzehntelangen Einsatz für die "Kölsche Narren Gilde" und betont dabei ausdrücklich, man werde sich von solchen Sensationsschreiberlingen weder beeindrucken noch irritieren lassen.
Neben anderen schreibt auch Heinz Thiebes, der ehemalige Präsident der Karnevalsgesellschaft "Schnüsse-Tring", es sei unerhört, einen Mann wie Kessel, insbesondere auch als Träger der Bundesverdienstmedaille, mit derartigen Unwahrheiten zu beleidigen.

Orgels-Pitter - endlich im Fernsehen

Aber wie sagt schon ein altes Sprichwort: "Wo viel Leid ist, ist auch viel Freud." Pitter hat sich wieder beruhigt und absolviert in gewohnter Weise und mit Erfolg seine vielen karnevalistischen Auftritte. Auch seine neue CD "Orgels-Pitter 2000" ist inzwischen gut im Geschäft. Und dann kommt für ihn der Höhepunkt in der ersten Session des neuen Jahrtausends: Am 28. Januar steht Peter Kessel in der Fernsehsendung "Närrische Hitparade" in Köln-Bocklemünd vor den Kameras des Westdeutschen Rundfunks und singt live vor einem begeisterten Publikum sein Lied von der "Wandertour".
Bei diesem und für ihn allerersten Auftritt in der bundesweit ausgestrahlten Sendung macht er zwar nicht gleich den ersten, aber dennnoch den vierten Platz von insgesamt sieben. Für den Anfang wirklich nicht schlecht. Immerhin wird das Lied aus über 850 Einsendungen ausgewählt, von denen schließlich nur 28 Titel in die Endausscheidung kommen. Orgels-Pitter ist auf jeden Fall dabei. Die Publicity geht aber noch weiter. Am 21. Februar 2000 strahlt das WDR-Fernsehen im Abendprogramm eine Sendung aus: "Menschen hautnah. Stimmungskanonen - Drei Alleinunterhalter auf Tour". Einer davon ist Orgels-Pitter, der schon seit einigen Wochen von einem Kamerateam zu Hause besucht, interviewt und bei diversen Auftritten begleitet und gefilmt wird. Auch hier zeigt er in kurzen Ausschnitten, wie er mit seiner Orgel und seinen Liedern den Menschen Freude machen kann.

Neue Sorgen

Leider kommt jetzt, wie es eben das Schicksal will, erneut ein gesundheitlicher Rückschlag. Die Narbe an seinem operierten Dünndarm platzt wieder auf. Peter will es trotz seiner Schmerzen nicht wahrhaben, da er sonst viele Verpflichtungen absagen müsste. Mit Hilfe seines Arztes und vieler Spritzen hält er schließlich bis zum Ende dieser langen Karnevalssession durch. Innerlich freut er sich. Er hat es mal wieder geschafft.

Pitter und Antje beim "Dankeschön-Abend" in der Eiler "Burg"

Für ein paar Tage vergisst Kessel seine Sorgen und seine Pein. Am 10. März lädt er zusammen mit seiner Lebensgefährtin Antje viele seiner Freunde und Bekannten zu einem "Dankeschön-Abend" in die Gaststätte "Zur Burg" in Porz-Eil ein, um nachträglich bei leckerer Erbsensuppe und reichlich Kölsch seinen Erfolg bei der "Kölschen Hitparade" und die Verleihung der Bundesverdienstmedaille zu feiern. Die "Burg" ist brechend voll und viele Karnevalsjecken, ob Gruppen oder Solisten, verwandeln das Fest mit ihren Vorträgen in eine richtige kleine kölsche Sitzung. Nä, wat wor dat för ne herrliche Ovend. Orgels-Pitter hat sich seinen letzten schönen Wunsch nach dem Dauerstress der vergangenen Wochen erfüllt. Dann aber geht nichts mehr. Also ab ins Krankenhaus, wo er erneut operiert, aber schon nach zehn Tagen auf eigenen Wunsch entlassen wird. Kaum ein paar Tage zu Hause verspürt er jedoch wieder starke Schmerzen. Also nochmals in die Klinik zu einer Notbehandlung. Hierbei stellen die Ärzte fest, dass bei ihm alles in Ordnung ist. Die Schmerzen stammen von Verwachsungen an der Dünndarmnarbe, womit er sich wohl noch einige Zeit abfinden muss.

Das Leben geht weiter

Das Geburtstagskind – 65 Jahre jung

Peter Kessel kommt nicht dazu, sich lange auszuruhen. In seinem Kalender steht schon wieder eine ganze Reihe von Terminen, da er ja das ganze Jahr über mit seiner Orgel unterwegs ist. Schließlich ist das sein Beruf geworden. Aber er denkt schon jetzt an ein großes Ereignis, das ihm bevorsteht: Am 13. Juni 2000 wird Orgels-Pitter 65 Jahre alt. An seinem Geburtstag gibt er zusammen mit seiner Antje eine große Party, wiederum in der "Burg" in Eil. Und wie schon bei seinem "Dankeschön-Abend" im März gibt es mit vielen Freunden und Karnevalisten ein fröhliches Zusammensein bis in die späten Abendstunden. Man wird eben nur einmal im Leben 65.

Zum guten Schluss...

Genau einen Tag nach seinem Geburtstag hat Peter Kessel bereits wieder einen Auftritt, beim "Familje-Festivälche" am Tanzbrunnen in Köln-Deutz, wo er vor vielen Jahren seine Karriere als kölscher Drehorgelmann begann. Lassen wir deshalb hierzu Ludwig Sebus zu Wort kommen:
"Alljährlich ist Peter Kessel ein fester Bestandteil dieses Programms. In diesem Jahr war sein Auftritt von besonderer Art. Als ich ihn zu mir

auf die Bühne bat und er neben mir stand, informierte ich das Publikum noch einmal über den Orgels-Pitter. Wie mir später eine Dame sagte, bemerkte sie bei meinen Ausführungen etwas Eigenartiges. Als ich berichtete, dass er im Vatikan vor unserem Papst Johannes Paul II sein Orgelkonzert gab, sah diese Dame infolge eines speziellen Lichteinfalls eine Art von "Heiligenschein" über unserem Orgels-Pitter. Peter Kessel sang dann sein Lied von den "Roten Rosen", bei dem er jeder Frau aus einem riesigen Blumenstrauß eine Rose schenkte. Die erwähnte Dame sagte mir im Anschluss an die Veranstaltung: ‚Dat Blömche verwahren ich mir, och wenn et drüch es. Schleeßlich kütt et vum Orgels-Pitter, un dä stund hück Nommedach em Hellijesching!'"

Orgels-Pitter, der Rosenkavalier

Nachwort

Vielleicht wird der eine oder andere jetzt immer noch darüber nachdenken, warum Peter Kessel als kölsches Original bezeichnet wird. Und deshalb muss er sich die Frage stellen: "Was ist eigentlich ein Original?".

Um es kurz und einfach zu definieren: Ein Original ist ein Mensch mit unverwechselbaren, vom Allgemeinen abweichenden Charaktereigenschaften und eigenen, manchmal etwas ausgefallenen Ideen. Und diese Kriterien treffen auf Orgels-Pitter in jeder Hinsicht zu. Seine von Jugend an außergewöhnlich soziale Einstellung, sein jahrzehntelanges uneigennütziges Engagement für wohltätige Zwecke, seine Liebe zu einem schon fast "ausgestorbenen" Instrument, nämlich der Orgel, und nicht zuletzt seine immer wieder neuen Einfälle, wie man älteren und bedürftigen Menschen Freude bereiten kann, sind Charaktermerkmale, die sich zweifelsohne weit von dem Üblichen abheben. Damit wird er zum Original. Und da er ein echter Kölner ist und sich mit seiner Heimatstadt aus tiefstem Herzen verbunden fühlt, ist er ein "kölsches Original" wie seine Vorgänger aus längst verflossenen Tagen, wenn auch, der heutigen Zeit entsprechend, in einem moderneren Sinn.

Orgels-Pitter hat sein Leben lang immer nach zwei Grundsätzen gelebt, die ebenfalls seine Originalität unterstreichen:

"Ob klein, ob groß, ob arm, ob reich,
bei mir sind alle Menschen gleich!" und
"Nicht was du bist, ist's was dich ehrt, -
wie du es bist, bestimmt den Wert!"

Darüber sollten wir alle letztendlich einmal nachdenken.

Quellennachweis

BILD-Zeitung, Redaktion Köln, verschiedene Ausgaben

EXPRESS, Köln, verschiedene Ausgaben

Gröbe, Volker, Köln, Privatarchiv

Großes Universal-Lexikon 1982, Honos Verlagsges. Zug, Band 4, S. 1406

Kessel, Paul, Köln, Privatarchiv

Kessel, Peter, Köln, Privatarchiv

Kirchenzeitung Köln, Nr. 44, 31. 10. 1986

Kölner Stadt-Anzeiger, Köln, verschiedene Ausgaben

Kölner Wochenspiegel, Köln, verschiedene Ausgaben

Kölnische Rundschau, Köln, verschiedene Ausgaben

Louis, Reinold, Kölnischer Liederschatz, Greven Verlag Köln, 1986, S. 16 u. 56

Malteser Hilfsdienst e. V., Köln, Archiv

Mölich u. a., Das rechtsrheinische Köln, Wienand Verlag, 1994, S. 207 u. 208

Pforzheimer Kurier, Pforzheim, 4. 6. 1983

Ruhr-Nachrichten, Witten, 27. 5. 1987

WR-Stadtzeitung, Witten, 21. 5. 1988

Mündliche und/oder schriftliche Äußerungen von:

Dick, Dr. Klaus, Weihbischof, Köln, (Sekretariat)

Junggeburth, Wilfried, Lohmar,
Prinz Karneval 1993

Kestermann, Wolfgang, Köln, Karnevalsgesellschaft "Kölsche Narren Gilde"

Schall-Riancour, Wilderich Graf, Ahlen

Sebus, Ludwig, Köln, Komponist, Texter und Volkssänger

Thiebes, Heinz, Köln, Karnevalsgesellschaft "Schnüsse Tring"

Wischnewski, Hans-Jürgen, Köln, Bundes- und Staatsminister a. D.

Dankeschön

Wenn es die Akademie för uns kölsche Sproch nicht gäbe, hätte ich nie die Gelegenheit gehabt, in vier Semestern die kölsche Geschichte, das Brauchtum, die Literatur und die Grammatik unserer Stadt zu studieren. Erst die Akademie, eine Kulturstiftung der Stadtsparkasse Köln, hat mich nach Abschluss des Examens auf die Idee gebracht, eine Diplomarbeit über eines der letzten noch lebenden kölschen Originale, den "Orgels-Pitter" zu schreiben. - Danke!

Von meinem Mentor Volker Gröbe, dem Autor vieler eigener Werke, habe ich eine Menge gelernt. Mit "spitzem" Bleistift hat er manchen Fehler korrigiert, der mir - und vielleicht auch anderen - überhaupt nicht aufgefallen wäre. - Danke!

Peter Kessel alias "Orgels-Pitter" und sein Bruder Paul Kessel haben mir ihr umfangreiches Archivmaterial zur Verfügung gestellt. Nur so war es mir möglich, über eine ganze Reihe von Episoden zu schreiben, die der Öffentlichkeit bisher unbekannt waren. Auch die vielen Fotos und Bilder hätte ich nicht in meine Arbeit mit einbringen können. - Danke!

Mein Examensfreund Jürgen Niessit hat mir Kontakte zum Sekretariat von Weihbischof Dr. Klaus Dick und dem Malteser Hilfsdienst e.V. vermittelt. Deshalb konnte ich sehr ausführlich über Kessels Papst-Audienz berichten. - Danke!

Ohne meinen Examensfreund und Computer-Spezialisten Willi Piechullek wäre ich nicht in der relativ kurzen Zeit von acht Monaten mit meiner Arbeit fertig geworden. Bei allen technischen Problemen stand er mir immer hilfsbereit und uneigennützig in vielen Stunden mit Rat und Tat zur Seite. - Danke!

Ganz besonders aber danke ich meiner lieben Frau für ihr Verständnis, wenn ich oft bis tief in die Nacht am Computer saß und diese Zeilen zu Papier brachte. Ohne sie hätte ich es nicht geschafft.

Ewald Fischer